Pe. Thiago Faccini Paro

O Caminho

4ª Etapa
Catequista

"O que ouvimos, o que aprendemos, o que nossos pais nos contaram, não ocultaremos a nossos filhos; mas vamos contar à geração seguinte as glórias do Senhor, o seu poder e as obras grandiosas que Ele realizou." (Sl 78,304)

Editora Vozes
Petrópolis

© 2015, Editora Vozes Ltda.
Rua Frei Luís, 100
25689-900 Petrópolis, RJ
www.vozes.com.br
Brasil

1ª edição, 2015.

4ª reimpressão, 2025.

Todos os direitos reservados. Nenhuma parte desta obra poderá ser reproduzida ou transmitida por qualquer forma e/ou quaisquer meios (eletrônico ou mecânico, incluindo fotocópia e gravação) ou arquivada em qualquer sistema ou banco de dados sem permissão escrita da editora.

CONSELHO EDITORIAL

Diretor
Volney J. Berkenbrock

Editores
Aline dos Santos Carneiro
Edrian Josué Pasini
Marilac Loraine Oleniki
Welder Lancieri Marchini

Conselheiros
Elói Dionísio Piva
Francisco Morás
Ludovico Garmus
Teobaldo Heidemann
Volney J. Berkenbrock

Secretário executivo
Leonardo A.R.T. dos Santos

PRODUÇÃO EDITORIAL

Aline L.R. de Barros
Jailson Scota
Marcelo Telles
Mirela de Oliveira
Natália França
Otaviano Cunha
Priscilla A.F. Alves
Rafael de Oliveira
Samuel Rezende
Vanessa Luz
Verônica M. Guedes

Colaboração e agradecimentos
Iolanda Durigan, Ir. Sandra Souza, pmmi, Maria José Sales, Milton Figueiredo, Rosimeire Mendes e Sueli Moreira Pierami

Projeto gráfico: Ana Maria Oleniki
Diagramação: Jardim Objeto
Ilustrações: Alexandre Maranhão
Capa: Ana Maria Oleniki

ISBN 978-85-326-5079-5

Este livro foi composto e impresso pela Editora Vozes Ltda.

Sumário

Apresentação, 5

Apresentação da obra, 7

Celebração de apresentação e envio dos catequistas, 16

1º Encontro – Deus caminha conosco, 21

2º Encontro – Os Sacramentos como presença de Deus, 24

3º Encontro – Os Sacramentos deixados por Cristo, 26

4º Encontro – Os sete Sacramentos da Igreja, 28

5º Encontro – O Sacramento do Batismo, 31

Encontro de orientação para a *participação na celebração batismal*, 34

6º Encontro – A linguagem simbólica e ritual da Igreja, 35

7º Encontro – A mistagogia da Celebração do Batismo, 38

8º Encontro – A graça do Batismo, 42

9º Encontro – Incorporados à Igreja, 44

10º Encontro – O Sacramento da Confirmação, 47

11º Encontro – Mistagogia do Sacramento da Confirmação, 49

12º Encontro – O Sacramento da Eucaristia, 52

13º Encontro – A instituição da Eucaristia, 55

14º Encontro – Adoração ao Santíssimo Sacramento, 57

15º Encontro – Sacramentos da Iniciação Cristã, 58

16º Encontro – O Sacramento da Penitência e da Reconciliação, 60

17º Encontro – O Sacramento da Unção dos Enfermos, 63

18º Encontro – Ao encontro do Cristo que sofre, 66

19º Encontro – Mistagogia da Unção dos Enfermos. 67

20º Encontro – O Sacramento da Ordem, 70

21º Encontro – Os três graus do Sacramento da Ordem, 72

22º Encontro – Ao encontro do pastor da comunidade, 76

23° Encontro – O Sacramento do Matrimônio, 77

24° Encontro – Família: Igreja doméstica, 80

25° Encontro – Mistagogia do Sacramento do Matrimônio, 82

26° Encontro – Os Sacramentais, 86

27° Encontro – A Eucaristia: fonte e ápice de toda vida cristã, 88

28° Encontro – Convocados pela Trindade, 91

29° Encontro – O diálogo entre Deus e o homem, 95

30° Encontro – A dinâmica da prece eucarística, 100

31° Encontro – Um só Pão, um só Corpo - (OFICINA DO PÃO), 106

32° Encontro – Gestos e posturas na Celebração Eucarística, 110

33° Encontro – Preparando a celebração da Primeira Eucaristia, 114

34° Encontro – Celebração da Penitência, 116

Celebração da Primeira Eucaristia, 119

II PARTE

Anexos, 121

Caríssimos irmãos e irmãs catequistas, paz!

O quarto volume de O CAMINHO encerra cinco anos de trabalho para a renovação da catequese infantil para a Primeira Eucaristia em nossa diocese. Agradeço, primeiramente a Deus, que nos tem possibilitado realizar este trabalho e tem nos feito ver os frutos deste processo de evangelização na vida das crianças e de suas famílias. Agradeço ao Pe. Thiago Faccini e sua equipe pelo empenho nesta obra. Agradeço aos padres da diocese de Barretos que, num verdadeiro espírito de conversão pastoral, acolhem este método catequético. Agradeço, enfim, aos catequistas que se dispuseram á renovação e à formação para estarem capacitados para este trabalho renovador em nossas paróquias.

Jesus Cristo deixou à sua Igreja dois instrumentos valiosíssimos para que ela continuasse a sua obra redentora ao longo dos séculos: PALAVRA e SACRAMENTOS. Não somente a Palavra, mas também os Sacramentos. Os dois são inseparáveis na missão da Igreja. A Palavra nos chama á vida e à conversão. Faz-nos mudar de mentalidade. Faz com que acolhamos na fé o projeto de Deus plenamente revelado em Jesus. Não podemos ser santos simplesmente porque acolhemos a Palavra. Necessitamos da graça que nos é transmitida pelos Sacramentos. Eles nos santificam na gratuidade do amor de Deus. Eles são estes sinais sensíveis e eficazes que nos transmitem a graça.

Nos três primeiros volumes de O CAMINHO, o convite para abertura a Palavra foi abundante. Neste quarto volume será apresentado aos catequizandos a riqueza dos Sacramentos. São as promessas de Deus que se cumprem em nossas vidas pelo poder da sua graça e misericórdia. Que todos os catequistas saibam preparar-se devidamente para cada encontro, pois cada um tem um conteúdo abundante!

Que Deus inflame com o fogo do seu Espírito a pregação de todos os catequistas!

†Edmilson Amador Caetano, O. Cist.
Bispo Diocesano de Barretos
Barretos, 04 de agosto de 2012.
Festa de S. João Maria Vianney, pároco e catequista

O subsídio para a Pastoral Catequética da Diocese de Barretos, bem como toda a metodologia presente neste material, baseia-se na Palavra de Deus, na longínqua tradição da Igreja que nos foi transmitida, na análise de outros materiais que nos serviram de inspiração e na experiência de nossos catequistas.

Ao preparar os subsídios para o catequista e *Diário Catequético e Espiritual do Catequizando*, nossa equipe considerou que a Igreja sempre teve um calendário próprio e diferente do calendário civil, chamado de "Calendário Litúrgico". Portanto, a catequese que propomos seguirá o Calendário Litúrgico, iniciado na primeira semana do Advento e encerrado com a Solenidade de Nosso Senhor Jesus Cristo Rei do Universo. Os encontros estão intimamente ligados com o Ano Litúrgico, sendo assim, é indispensável haver uma grande atenção com o Calendário Litúrgico em percurso. Deste modo, pode acontecer que alguns encontros devam ser antecipados e outros realizados posteriormente, para estar em sintonia com o tempo que está sendo celebrado. Assim, aproxima-se a catequese e a liturgia.

A catequese que pensamos está estruturada em etapas, sendo quatro para a Primeira Eucaristia e três para o Crisma, permeada por várias celebrações. Cada etapa terá a duração mínima de um ano. O tempo de cada etapa poderá ser alterado de acordo com a maturidade de cada catequizando.

1ª Etapa

A temática principal a ser trabalhada é o "querigma", fazendo com que os catequizandos conheçam e façam uma experiência mística de Jesus Cristo. Os catequizandos também serão inseridos na dinâmica do calendário da Igreja – Ano Litúrgico –, que se inicia no primeiro domingo do Advento e conclui-se com a Solenidade de Nosso Senhor Jesus Cristo Rei do Universo, e aprenderão a manusear a Bíblia Sagrada, recebendo-a em uma celebração na conclusão da primeira etapa.

2ª Etapa

Em cada encontro será refletido um trecho da "Profissão de fé", onde os catequizandos terão uma noção geral da doutrina da Igreja e como vivê-la. No início da segunda etapa os catequizandos receberão impresso o Credo e no final desta etapa, numa celebração, professarão solenemente a fé.

3ª Etapa

Na terceira etapa o catequizando irá refletir sobre a vida de oração, tendo como modelo a oração que o Senhor nos ensinou: O Pai-Nosso. Em cada encontro será trabalhada uma petição da oração. No início da terceira etapa os catequizandos receberão a oração do Pai-Nosso impressa, e ao final da etapa, numa celebração, a rezarão solenemente.

4ª Etapa

A quarta etapa será um aprofundamento sobre os sete Sacramentos e sacramentais. Nesta etapa os catequizandos não batizados receberão o primeiro Sacramento e ao final da etapa todos os catequizandos se aproximarão pela primeira vez do Corpo e Sangue de Cristo, participando da Eucaristia.

Em relação a faixa etária dos catequizandos, o material foi pensado e preparado de acordo com a pedagogia das idades, idealizado para todas as crianças que completarem sete anos no ano de início da catequese.

Ainda, nossa proposta quer possibilitar uma maior interação entre comunidade e família dos catequizandos, realizando-se um destaque, também, aos padrinhos de Batismo, para resgatar o seu significado e importância de corresponsáveis por introduzir as crianças na fé cristã.

Para cada etapa preparamos para o catequizando um volume chamado *Diário Catequético e Espiritual do Catequizando*. Como o próprio nome revela, trata-se de um recurso no qual o catequizando fará o registro de algumas atividades de sua vivência de fé, relacionadas a cada encontro, além de dispor de espaços próprios para o registro das informações sobre cada domingo do Tempo Litúrgico, com indicações para o catequizando sobre o que registrar em relação a sua participação na celebração da Santa Missa.

OS ENCONTROS E SUA ORGANIZAÇÃO

A nossa proposta para os encontros é que as reflexões estejam estruturadas ao redor de duas mesas, a saber: a *Mesa da Palavra* e a *Mesa da Partilha*, buscando uma estreita ligação entre catequese e liturgia, em encontros dinâmicos e celebrativos.

A Mesa da Palavra

Consiste em organizar um ambão ou uma pequena mesa para colocar a Bíblia, ter uma vela acesa, usar toalha com a cor do Tempo Litúrgico que se está celebrando em um lugar de destaque e específico da sala de encontros que possibilite aos catequizandos aproximarem-se ao seu redor.

Com a inserção da Mesa da Palavra, quer se dar destaque e valorizar a leitura da Bíblia, mostrando que não é apenas um livro a mais para ser estudado, como também orientar e fazer a experiência de acolhida da Palavra de um Deus que nos fala. O fato de mobilizar os catequizandos a ir até essa mesa, colocar-se de pé ao seu redor, trocar a toalha de acordo com o Tempo Litúrgico, solenizando a leitura bíblica, incentivando a sua escuta, possibilita revelar, através dos gestos e posturas, o valor e a importância que lhe damos em nossa comunidade Igreja, além de remeter os catequizandos ao ambiente celebrativo da Eucaristia.

A Mesa da Partilha

Trata-se de uma grande mesa com várias cadeiras ao seu redor. É o local onde os catequizandos irão buscar compreender, com a ajuda do catequista, o sentido e significado da Palavra em seu contexto e para suas vidas. Ao redor da mesa, integrados, chegarão ao seu entendimento ao reconstruir o texto bíblico, dialogar, ouvir histórias, contemplar os símbolos presentes em cada encontro e nos textos bíblicos e, também, realizar diversas atividades. Nesta mesa, recordando o costume antigo das famílias de tomar a refeição, catequista e catequizandos saborearão o alimento da Palavra que dá vida e sacia toda sede.

Os novos espaços destinados à catequese que propomos buscam, portanto, descaracterizar os lugares de encontro das salas de ensino escolar, mostrando que nossos catequistas não são professores, mas mistagogos, que guiam os catequizandos para o Mistério, fazendo que tenham uma experiência viva e pessoal de Jesus Cristo.

A cada encontro são oferecidas sugestões que deverão ser enriquecidas e adaptadas à realidade de cada comunidade. Num clima alegre e acolhedor, a Palavra se atualiza e se transforma em oração e gestos concretos.

EXPLICANDO NOSSA PROPOSTA

1. ESTRUTURA DOS ENCONTROS – SUBSÍDIO DO CATEQUISTA

Na sequência, apresentamos orientações que consideramos necessárias, sobre a dinâmica de nossa proposta para o catequista desenvolver os encontros, a fim de ajudá-lo na ação catequética. Para tanto, o Subsídio do Catequista propõe as orientações para cada encontro da seguinte forma:

Palavra inicial: Neste tópico o catequista encontrará os objetivos a serem atingidos com o encontro, ou a mensagem que deverá ser transmitida para cada catequizando.

Preparando o ambiente: Oferece sugestões de símbolos e maneiras de preparar e organizar os espaços; de materiais a serem providenciados para os encontros. É importante envolver os catequizandos na preparação do ambiente distribuindo funções com antecedência, como por exemplo: um traz as flores, o outro acende a vela, um grupo prepara e ensaia os cantos. Poderá também ter uma imagem (de Jesus, Nossa Senhora ou do padroeiro da comunidade). Essa imagem poderá ser levada cada semana para a casa de um catequizando, que ficará responsável por trazê-la no próximo encontro. No dia em que a imagem estiver na casa, incentive-os a rezar em família.

Acolhida: Em todos os encontros é sugerido uma frase para acolhida dos catequizandos, com a intenção de prepará-los para a temática que será refletida no encontro.

Recordação da vida: tem a intenção de recordar brevemente fatos e acontecimentos marcantes da comunidade e da sociedade, além de recordar o tema e o gesto concreto do encontro anterior. O catequista pode incentivar a leitura do que alguns catequizandos escreveram no *Diário Catequético e Espiritual* no decorrer da semana. Este momento poderá acontecer ao redor da Mesa da Palavra, como parte da oração inicial, ou a critério do catequista, na Mesa da Partilha, antes da oração.

Na Mesa da Palavra: O momento em torno da Mesa da Palavra envolve:

- **Oração inicial:** Traz sugestões de orações e propõe-se que o catequista, juntamente com os catequizandos, selecione cantos para a oração inicial. Este momento deverá ser dinamizado e ritualizado pelos catequistas criativamente, para envolver os catequizandos com a reflexão do tema, tornando este momento importante e especial, de tal modo que desperte nos catequizandos o desejo de participar ativamente dele.

- **Leitura do texto bíblico:** Buscando resgatar a importância e a dignidade da Palavra de Deus na vida do Cristão, toda a temática dos encontros tem como tema gerador o texto bíblico proclamado. O texto bíblico é que norteia todo o encontro, fazendo com que os catequizandos sejam introduzidos na linguagem bíblica e atualizem a cada dia sua mensagem.

Como ocorrido na segunda etapa, os catequizandos terão contato direto com a Bíblia. Portanto, o catequista poderá fazer uma escala e distribuir, a cada encontro, a passagem bíblica para um catequizando, para que ele a proclame no encontro seguinte. O **catequizando** sempre fará a primeira leitura do texto de maneira clara e ritual: fazendo uma saudação respeitosa antes e depois da leitura, beijando a Palavra quando for um Evangelho, mostrando a importância e a dignidade de tal livro. Depois, o **catequista** proclamará novamente o texto bíblico. Os textos deverão ser lidos ao menos duas vezes. A primeira leitura na íntegra, pelo catequizando, e a segunda pelo catequista, de maneira pausada, com destaque para os versículos da temática do encontro.

Seria importante que antes de cada encontro o catequista fizesse uma *lectio divina* (Leitura Orante da Bíblia, procedendo: leitura, oração, meditação e contemplação).

Durante os encontros de catequese, na medida do possível, utilizar o esquema da Leitura Orante da Bíblia com os catequizandos.

Na Mesa da Partilha: É na Mesa da Partilha que o encontro se desenvolverá. Dinâmicas e símbolos auxiliarão o catequista a transmitir a mensagem da Boa Nova de Jesus Cristo. O catequista poderá adaptar, acrescentar ou até mesmo mudar as sugestões de acordo com a realidade de cada grupo. Por isso é indispensável que o catequista prepare com antecedência cada encontro.

Como na terceira etapa, as historinhas presentes nos livros de 1ª e 2ª etapa, darão lugar a pequenos momentos de oração silenciosa, educando os nossos catequizandos à vida de oração. Sendo assim, sempre que possível, o catequista deverá estimular os catequizandos a estes pequenos momentos de silêncio, escuta e contemplação.

Importante: como na segunda etapa, todos os catequizandos deverão levar para os encontros de catequese a Bíblia que receberam na celebração que marcou o término da primeira etapa. Na Mesa da Partilha, após a reconstrução do texto bíblico, o catequista poderá pedir aos catequizandos para que abram suas bíblias na passagem proclamada durante a oração inicial, para que façam uma leitura silenciosa e pessoal, onde poderão descobrir outros elementos além daqueles percebidos durante a "reconstrução" do texto bíblico, bem como aprimorar o manuseio da Bíblia.

Conclusão: Momento de comunicar aos catequizandos o compromisso da semana, o gesto concreto como maneira de atualizar na vivência de cada um a Palavra lida, meditada e contemplada. Também poderá recordar os aniversariantes de Batismo da semana e distribuir as funções para o próximo encontro.

Oração final: Realizar, de preferência, sempre ao redor da Mesa da Palavra ou de onde foi feita a oração inicial. O catequista incentiva os catequizandos a fazerem orações e preces espontâneas e pode concluir com a oração indicada para cada encontro, bem como pode realizar uma bênção.

Material de apoio: No material de apoio o catequista encontrará, em alguns encontros, textos, citações e sugestões de bibliografias para aprofundar a temática. Porém, é de suma importância que o catequista participe de encontros, cursos, reuniões e retiros para se atualizar e melhor se preparar para esse tão importante ministério. Além do mais, será somente a partir disso que poderá haver uma plena caminhada em sintonia com a diocese, paróquia e comunidade.

Sugerimos, a partir de nossa experiência, que os catequistas da mesma etapa preparem juntos os seus encontros, seja em reuniões mensais, quinzenais ou semanais.

Lembretes: Ao final de alguns encontros o catequista encontrará "lembretes" que o auxiliarão no desenvolvimento da catequese, de modo especial a fazer com que os encontros sejam vividos de acordo com a dinâmica do Ano Litúrgico.

Celebrações: Em todas as etapas, sugerimos ao menos duas celebrações, com o intuito de reunir catequizandos, pais, padrinhos de Batismo e comunidade. As celebrações são contadas como encontros da catequese, e para garantir maior participação de todos, principalmente dos pais, sugere-se marcar dia e horário do encontro da celebração favorável a todos, optando para o dia da semana em que a comunidade costuma se reunir para o seu momento de oração e partilha.

As celebrações deverão ser preparadas com antecedência, de preferência com a ajuda das pessoas da comunidade que já costumam se reunir semanalmente. Escolher quem presidirá, leitores, grupo de cantos, entre outros. É preciso comunicar previamente os catequizandos e suas respectivas famílias o dia e o horário da celebração. Os catequizandos de outras etapas poderão ser convidados a participar, bem como toda a paróquia, pastorais e movimentos.

2. A CATEQUESE, A ORGANIZAÇÃO DAS ATIVIDADES

Cronograma: Na sequência, propomos um modelo de cronograma, para que o catequista possa registrar as principais informações que ocorrerão no decorrer do ano de catequese. O propomos por considerar que o planejamento é indispensável para o bom êxito de qualquer atividade. Portanto, apresentamos um roteiro para organizar o cronograma das atividades a serem realizadas no decorrer da catequese, para auxiliar nossos catequistas. É importante ressaltar que o mesmo poderá ser adaptado à realidade de cada comunidade. Um cronograma semelhante poderá ser preparado, sendo uma cópia entregue a cada catequizando, para ser colada no *Diário Catequético e Espiritual do Catequizando*, e outras às famílias dos catequizandos, para que possam se organizar para participar das atividades da catequese.

Cronograma das atividades da catequese

Ano

Inscrições da catequese: a   das   às   h | Local:

Período de visita às famílias dos catequizandos: a

Celebração de apresentação e envio dos catequistas: às   h | Local:

Início da catequese: às   h | Local:

Período de recesso: a

Encontro de preparação para a celebração dos escrutínios e do Sacramento do Batismo (se houver crianças que não são batizadas) – *Com os pais e futuros padrinhos de Batismo:*   às   h | Local

Quarta-feira de cinzas: às   h | Local:

Celebração de acolhida e eleição dos Catecúmenos (se houver crianças que não são batizadas):   às   h | Local:

Primeiro Escrutínio (se houver crianças que não são batizadas):   às   h | Local

Segundo Escrutínio (se houver crianças que não são batizadas):   às   h | Local

Terceiro Escrutínio (se houver crianças que não são batizadas):   às   h | Local

Domingo de Ramos: às   h | Local:

Missa dos Santos óleos: às   h | Local:

Missa da Ceia do Senhor: às   h | Local:

Vigília eucarística - Hora Santa: às   h | Local:

Celebração da Paixão: às   h | Local:

Sábado - Missa da vigília Pascal e Batismo dos Catecúmenos: /   /   às   h | Local:

Domingo de Pentecostes: /   /   às   h | Local:

Corpus Christi (enfeitar rua):   às   h | Local:

Missa de *Corpus Christi*:   às   h | Local:

Período de recesso: a

Preparar celebração de recitação da "Primeira Eucaristia" com os pais e padrinhos de Batismo: às   h | Local:

Celebração da Penitência: às   h | Local:

Celebração solene da "Primeira Eucaristia":   às   h | Local:

Reunião com os pais dos catequizandos: às   h | Local:

Reunião com os pais dos catequizandos: às   h | Local:

Reunião com os pais dos catequizandos: às   h | Local:

Outras datas:

Livro de registro dos catequizandos: Na celebração de conclusão da primeira etapa, que chamamos de *Celebração de Inscrição do Nome e Entrega do Livro Sagrado*, sugerimos que a comunidade tenha um livro que chamamos de *Livro de Registro dos Catequizando*, no qual poderá registrar o nome de todos os catequizandos que concluíram a primeira etapa, dando o sentido de escolha, de eleição, além de ajudar a organização da catequese.

A escolha do livro fica a critério de cada comunidade, podendo ser aqueles de capa preta que comumente se utiliza para redigir atas. Uma capa poderá ser confeccionada para valorizar o livro.

Além dos nomes, outros dados poderão posteriormente ser registrados como no modelo abaixo:

N°.	Catequizando	Data de Batismo	Data da Celebração de Inscrição do Nome	Data da 1ª Eucaristia
001	Exemplo...	15/07/1998	00/11/2011	20/11/2015
002	Exemplo...	Não batizado	00/11/2011	
003				
004				

Assim, além do sentido espiritual de ter o nome inscrito, como eleito, escolhido, a catequese paroquial terá um controle de quantos catequizandos iniciaram no processo catequético e quantos chegaram ao término deste primeiro processo recebendo o Sacramento da Eucaristia.

Um livro poderá ser suficiente para toda a paróquia, ou se acharem necessário, cada comunidade poderá ter seu próprio livro.

Este livro, que contém _____ folhas, todas numeradas, a glória de Deus, destina-se ao solene registro dos nomes de todos os catequizandos assistidos pela Paróquia _____, com sede na cidade de _____, Diocese de _____, _____ (Estado), que incorporados a Cristo buscam conhecer, aprofundar e vivenciar o Cristo.

E para constar, eu, _____ (pároco)_____, assino e dou por aberto o presente livro de registro dos catequizandos.

Aos ____ de _____ de 20____

DIÁRIO CATEQUÉTICO E ESPIRITUAL DO CATEQUIZANDO

O material do catequizando nesta quarta etapa será constituído apenas de um livro que intitulamos *Diário Catequético e Espiritual do Catequizando*, que, como o próprio nome sugere, será um diário onde o catequizando deverá ser incentivado a relatar sua vivência de fé.

O *Diário* esta dividido em duas partes:

I Parte – Meus encontros de catequese

Esta parte está organizada da seguinte forma:

Meu momento de oração diária

Contém orientações para o catequizando realizar um momento diário de oração pessoal, que deve ser incentivado pelo catequista constantemente durante os encontros.

Os encontros

Em cada encontro é proposto um pequeno texto fazendo menção ao tema a ser refletido, uma citação do texto bíblico, acompanhada de uma ilustração. São propostas também algumas perguntas e atividades, para ajudar os catequizandos a fazer memória da experiência vivida no encontro, bem como ajudá-los a meditar sobre a temática do encontro ou celebração.

Propõe-se, no *Diário*, que os catequizandos escrevam seus pedidos e intenções de oração da semana.

No final de cada encontro tem-se uma página chamada *Espaço Complementar*, com a finalidade de ser usada para registrar algumas atividades realizadas durante o encontro, como colagens e transcrições de textos, além de outras possibilidades que o catequista precisar e criar para ajudar os catequizandos a melhor compreender cada tema.

Por se tratar de um *Diário*, sua finalidade é ser um instrumento em que o catequizando possa contemplar suas experiências catequéticas e perceber o seu crescimento na fé.

II Parte – Meu domingo

Composta por um texto explicativo sobre o domingo e o Ano Litúrgico, a segunda parte busca incentivar a participação dos catequizandos e seus familiares na Santa Missa. Para isso, apresenta um roteiro para cada domingo, onde o catequizando deverá anotar as citações da Liturgia da Palavra, a cor litúrgica usada e uma breve mensagem sobre o que aprendeu ao participar da celebração.

No *Diário*, ainda, o catequizando ainda encontrará algumas orações básicas da vida do cristão. Sugere-se ao catequista orientar os catequizandos para que as rezem sozinhos ou com a família.

COMO APROVEITAR O DIÁRIO?

No primeiro dia de catequese, no final do encontro, o catequista deverá orientar os catequizandos sobre como utilizar o *Diário*. No decorrer dos encontros, deverá alertá-los para, durante a semana, realizarem os registros de sua catequese.

Propõe-se que as atividades do *Diário* sejam realizadas em casa e sempre que possível junto com a família, não sendo necessário levá-lo em todos os encontros. Cabe ao catequista solicitar antecipadamente ao catequizando para trazê-lo ao encontro. O seu uso no encontro pode ser determinado pelo catequista para:

- realizar uma roda de conversa para partilha dos registros e experiências vividas, ao termino de um Tempo Litúrgico;
- produzir um debate sobre as mensagens litúrgicas;
- trabalhar com os catequizandos algumas questões específicas de cada tema, com o propósito de acompanhar o entendimento do conteúdo que os catequizandos estiverem registrando;
- uma análise que servirá de base para corrigir equívocos de entendimento;
- realizar um encontro orante com as orações escritas pelos catequizandos;
- e muitas outras possibilidades.

O *Diário* poderá substituir as "carteirinhas" ou "boletins" utilizados em algumas comunidades e levadas à missa pelo catequizando para serem assinadas ou carimbadas, a fim de comprovar a presença nas celebrações.

Na primeira reunião com os pais, antes do início da catequese, é importante que o catequista os oriente a acompanhar os filhos e ajudá-los com o *Diário Catequético e Espiritual do Catequizando*, incentivando os filhos na oração diária e na participação da Celebração Eucarística, como também nos registros sobre cada encontro.

O nosso **CAMINHO** é Jesus Cristo, única razão dessa grande jornada. Bom trabalho a todos!

Pe. Thiago e Equipe

Celebração de apresentação e envio dos catequistas

Palavra inicial: O objetivo da celebração é apresentar a toda a comunidade os catequistas que exercerão o ministério da catequese, destacando a grande importância desse serviço para a vida da Igreja. Aconselhamos que essa celebração aconteça no 1º Domingo do Advento seguindo a liturgia do dia. Por motivos pastorais, pode ocorrer num outro dia da semana.

Preparando o ambiente: Cartaz ou banner com o Calendário Litúrgico, que poderá entrar na procissão inicial e ser colocado em lugar de destaque. Bíblias para serem entregues, uma para cada catequista, em sinal da missão por eles assumida como anunciadores do Reino. Reservar bancos para os catequistas. Acrescente-se na monição inicial a apresentação e o envio dos catequistas.

Procissão inicial: Os catequistas participam da procissão inicial.

Saudação inicial: O presidente acolhe os catequistas.

(Tudo segue como de costume, até a homilia.)

Rito de apresentação e envio dos catequistas: Após a proclamação do Evangelho e a homilia, o diácono – ou na falta dele o coordenador da catequese – chama cada um dos catequistas pelo nome.

Diácono: *Queiram aproximar-se os que exercerão o ministério da catequese: N..., ...N..., N...*

Cada um responde individualmente: *Presente!*
(Ou todos juntos, se forem muitos.)

Os catequistas proferem seu compromisso catequético e recebem o Livro Sagrado, a Bíblia, sinal do seu ministério

Todos os catequistas, de pé e a uma só voz, fazem seu compromisso:

"Nós, catequistas, viemos, perante esta assembleia congregada pelo Senhor, manifestar o desejo de participar do ministério da catequese. O Senhor, que nos chamou a formar parte do seu povo pelo Batismo, convida-nos a sermos testemunhas, mestres e educadores da fé.

Ao assumirmos este serviço, estamos conscientes de participar na grande missão que Jesus Cristo confiou à sua Igreja: 'Ide por todo o mundo e anunciai a todos a mensagem da salvação'."

Presidente: *Caros catequistas, quereis viver o vosso ministério de catequistas na fidelidade a Deus e na atenção aos irmãos?*

Catequistas: *Sim, queremos.*

Presidente: *Estais dispostos a desempenhar a vossa missão, sendo testemunhas da Boa-Nova de Jesus?*

Catequistas: *Sim, estamos.*

Presidente: *Quereis viver o vosso serviço de catequistas, em espírito de serviço à comunidade?*

Catequistas: *Sim, queremos.*

(Impõe as mãos.)

Presidente: *"Dignai-vos, Senhor, confirmar em seu propósito, com a vossa bênção † paterna, estes vossos filhos e filhas que anseiam por entregarem-se ao trabalho da catequese, para que se esforcem por instruir os seus irmãos em tudo que aprenderem com a meditação da vossa Palavra, de acordo com a doutrina da Igreja"*[1].

R.: *Amém.*

Logo após, aproximam-se, um de cada vez; se forem muitos, devem fazer uma fila um do lado do outro. O presidente entrega a Palavra de Deus a cada um dizendo:

Presidente: *N..., recebe o Livro Sagrado, instrumento e sinal de seu ministério. Exerça-o com solicitude, transmitindo com fidelidade a sua Palavra, para que ela frutifique cada vez mais no coração das pessoas.*

Catequista: *Amém.*

(Se forem muitos, o padre diz a fórmula somente uma vez, e depois prossegue com a entrega da Bíblia, enquanto se entoa um canto. Todos retornam aos seus lugares e a Missa prossegue como de costume.)

Preces: No momento da Oração da Assembleia, pode-se acrescentar algumas das orações pelos catequistas e catequizandos.

Se for oportuno, após a oração Pós-Comunhão, apresentam-se os catequizandos que ingressarão na catequese. No final, o padre dá a bênção de envio aos catequistas.

Oremos: Deus de infinita sabedoria, que chamastes o apóstolo Paulo para anunciar às nações o vosso Filho, nós vos imploramos em favor de vossos servos e servas, catequistas de nossas comunidades, que vivem com dedicação e fidelidade sua vocação: concedei-lhes imitar o apóstolo dos gentios, abrindo-se à vossa graça, e considerando todas as coisas como perda comparada ao bem supremo do conhecimento de Cristo, vosso Filho, a fim de que permaneçam fiéis ao anúncio da Palavra e no testemunho da caridade. Amém. ABENÇOE-VOS DEUS TODO-PODEROSO, PAI...

---

1 Oração extraída do livro PRESBITERAL (Petrópolis: Vozes, 2007), "Bênçãos Referentes à Catequese e à Oração Comum". p. 671.

I Parte

Meus encontros de catequese

1º Encontro

Deus caminha conosco
Integração da turma e revisão
(Encontro a ser realizado na 1ª SEMANA DO ADVENTO)

Palavra inicial: Queridos catequistas, com alegria iniciamos a quarta etapa da Catequese que culminará com a "Primeira Eucaristia" de nossos catequizandos. Criemos um clima de alegria e acolhida a todos os catequizandos que continuam dando seu sim a Deus, estando na catequese para melhor conhecê-lo e fazer a experiência de seu Mistério.

O objetivo deste primeiro encontro é fazer uma retrospectiva da temática abordada nos encontros da terceira etapa (a vida de oração), além de fazer uma avaliação com os catequizandos de como foi a "Celebração de Recitação da Oração do Pai-Nosso". É importante fazer com que percebam que estão vivendo numa nova etapa do processo catequético, que a partir de agora deverão assumir verdadeiramente a fé cristã, fé esta sustentada pela oração cotidiana e comunitária, na qual meditaram através da oração que o Senhor nos ensinou: o Pai-Nosso.

Preparando o ambiente: Ambão com toalha roxa, flores, Bíblia, vela, coroa do advento que o próprio catequista poderá confeccionar com antecedência e deixar na sala do encontro e pequena vasilha com sal.

Acolhida: O catequista acolhe os catequizandos saudando-os com a frase: *"Seja bem vindo ...N..., Cristo está no meio de nós!"*, e os conduzindo para dentro da sala de encontro.

Recordação da vida: Logo após a acolhida, ao redor da Mesa da Partilha, ou em pé ao redor da Mesa da Palavra, em clima de oração que pode ser proporcionado por um refrão meditativo, convidar os catequizandos a fazer uma retrospectiva de como foi participar da terceira etapa da catequese. O que sentiram e como participaram da celebração de recitação da Oração do Pai-Nosso. Perguntar se todos tem rezado diariamente, seja participando das atividades da comunidade, bem como fazendo seu momento de oração pessoal. Se todos escolheram um cantinho da casa e um horário para fazer seu momento de oração.

NA MESA DA PALAVRA

Oração inicial: Após a recordação da vida, o catequista inicia a oração ao redor da Mesa da Palavra, colocando como intenção todos os fatos recordados pelos catequizandos. Um catequizando poderá acender a primeira vela da coroa do advento, enquanto se canta um refrão meditativo e logo após invocar o Espírito Santo com a oOração "Vinde Espírito Santo, enchei..." e concluir com uma oração espontânea.

O catequista convida a todos a aclamarem o Evangelho e em seguida dirige-se até o ambão de onde proclama o texto indicado.

Leitura do texto bíblico: Lc 14,34-35.

Em seguida, lê-o novamente, desta vez pausadamente destacando alguns pontos.

"...mas se o sal perder o gosto salgado, com que se há de salgar?...".

Todos retornam para a Mesa da Partilha.

NA MESA DA PARTILHA

O catequista incentiva os catequizandos a partilharem sobre o texto bíblico proclamado. Depois pede para que abram suas Bíblias na passagem lida e releiam individualmente. O catequista poderá incentivá-los mais uma vez a partilharem o que o texto disse a cada um.

O catequista poderá pegar uma pequena vasilha com sal, e pedir que os catequizandos experimentem. Pedir para sentirem o sabor. Depois questioná-los: Para que serve o sal, para que é usado? Qual sua importância na culinária? Já comeram comida sem sal? E comida com muito sal? Deixar que falem.

Depois refletir com os catequizandos que nossa vida de cristão tem que ser como o sal nos alimentos. Para isso, comparar que o mundo muitas vezes está como comida sem sabor (violência, guerra, fome, corrupção, falta de amor e de perdão), e nós, enquanto cristãos, somos chamados a dar sabor a este mundo, com o nosso testemunho. Com nossas atitudes e palavras podemos deixar o mundo melhor, ajudando as pessoas, dando amor e atenção a aqueles que nada têm. Por outro lado, também, não podemos colocar muito sal na comida, se não fica impossível de comer, ou seja, temos que encontrar um equilíbrio. Assim, também devemos, como cristãos, nos controlar não deixando o "fanatismo" religioso tomar conta de nossas atitudes. O respeito e a tolerância devem estar sempre em primeiro lugar.

Comentar que só conseguiremos ser sal para o mundo, na medida certa, se colocarmos em primeiro lugar sal em nossa vida. Este sal, este sabor que colocamos na nossa vida, chama-se ORAÇÃO. Temos rezado? Temos lido e meditado a Palavra de Deus? Temos participado da vida da comunidade e da Santa Missa? Tudo isso é de fundamental importância para nossa vida cristã. Deus caminha sempre ao nosso lado, mas só caminhamos com Ele, e o percebemos ao nosso lado, tendo uma vida de oração.

Depois, recordar com os catequizandos o que é a vida de oração, questioná-los. Deixar que falem por um tempo. Somos sustentados pela oração pessoal, individual e também pela oração da Igreja (comunidade, dos irmãos).

Nos encontros da terceira etapa, refletimos que a vida de oração é fundamental para manter viva a fé que recebemos de Cristo e da Igreja. Sendo assim, este ano vamos dar um passo a mais, passos bem concretos, meditando os sete sacramentos da Igreja.

Conclusão: Após este momento de conversa e partilha, o catequista poderá convidar a todos os catequizandos a fazer um momento de oração. Todos poderão ficar sentados confortavelmente nas cadeiras e fechar os olhos, onde o catequista os incentiva a fazer uma oração silenciosa pela intenção que quiserem. Que este seja um momento de conversa com Jesus.

Depois de um tempo, o catequista convida a todos a se colocarem ao redor da Mesa da Palavra, onde os que quiserem poderão partilhar as intenções que rezaram.

Oração final: O catequista convida os catequizandos a formularem preces pedindo pela família, comunidade e amigos. Todos respondem no final de cada invocação: *Senhor caminhe sempre conosco.*

Conclui com o Pai-Nosso e com a oração:

Senhor Deus, obrigado pela certeza de que Tu caminhas sempre ao nosso lado. Pedimos por todos aqueles que ainda não Te conhecem e por isso se sentem sozinhos. Que ao seu lado, possamos avançar ainda mais em nossa fé, sendo sal, e dando sabor a este mundo que tanto necessita da sua Palavra. Por Cristo nosso Senhor. Amém.

No final da oração, o catequista impõe as mãos sobre a cabeça de cada catequizando e traça o sinal da cruz em sua fronte dizendo:

"N..., vai em paz, que o Senhor te acompanhe! Amém".

Sugestões

1. Como proposto na segunda e na terceira etapa, nos próximos encontros deverão ser os catequizandos a fazer as leituras bíblicas. Seria importante fazer uma escala e distribuir com antecedência a passagem bíblica a ser lida para que o catequizando possa "treinar" a sua leitura. Incentive-os a fazer desta preparação um momento de oração. Pedir para que cheguem com antecedência, para que possam marcar a leitura na Bíblia utilizada nos encontros. Pedir para que todos tragam a Bíblia que receberam na celebração de entrega do livro realizada no final da primeira etapa.

2. A exemplo das etapas anteriores, o catequista poderá fazer uma escala com os catequizandos, onde em cada encontro um ficará responsável de trazer flores para ornamentar o espaço da Palavra. O mesmo catequizando responsável pela leitura bíblica, também poderá ser o responsável por trazer as flores. É bom lembrar que, de preferência, todas as flores deverão ser naturais, lembrando-nos a vida e o Criador.

3. Além dessas alternativas, recordamos a sugestão dada na primeira etapa, onde a cada semana um catequizando levará para casa a imagem de Nossa Senhora ou padroeiro da comunidade, na qual será incentivado a rezar em família.

2º Encontro
Os Sacramentos como presença de Deus
(Encontro a ser realizado na 2ª SEMANA DO ADVENTO)

Palavra inicial: Prezados catequistas, neste encontro queremos apresentar os Sacramentos aos nossos catequizandos, como uma maneira concreta de Deus estar com seu povo.

Preparando o ambiente: Ambão com toalha roxa, Bíblia, vela e coroa do advento.

Acolhida: O catequista acolhe os catequizandos, com a frase ou outra semelhante: "...N..., Deus está no meio de nós!"

Recordação da vida: Ao redor da Mesa da Partilha, ou em pé ao redor da Mesa da Palavra, lembrar fatos e acontecimentos que marcaram a semana.

NA MESA DA PALAVRA

Oração inicial: O catequista convida a todos a invocar o Espírito Santo cantando ou rezando: " Vinde Espírito Santo, enchei..." e conclui com uma oração espontânea (Não esquecer de acender a segunda vela da Coroa do Advento que poderá ser acompanhado por um canto ou refrão meditativo).

O catequista convida o catequizando (escalado como leitor do encontro) para se dirigir até o ambão e proclamar o texto indicado. Antes, porém, todos poderão cantar aclamando o santo Evangelho.

Leitura do texto bíblico: Mt 28,16-20.

Em seguida o catequista lê a passagem novamente, desta vez pausadamente, com destaque em alguns pontos do texto.

> "...Jesus se aproximou e lhes disse: 'Toda a autoridade me foi dada no céu e na terra. Ide, pois, fazer discípulos meus todos os povos, batizando-os [...] Eis que eu estou convosco, todos os dias, até o fim do mundo".

Após a leitura, todos dirigem-se à Mesa da Partilha.

NA MESA DA PARTILHA

Retomar o texto bíblico, pedindo que os catequizandos reconstruam o Evangelho dizendo o que entenderam. Depois, pedir para que abram suas bíblias na passagem lida e releiam individualmente. O catequista poderá incentivá-los a partilhar o que o texto disse a cada um.

Logo após aprofundar a passagem bíblica dizendo que Deus enviou seu Filho Jesus ao mundo, para que pudesse cumprir o plano de salvação que Deus tinha para o homem. Jesus foi obediente ao projeto do Pai, e anunciou e mostrou o caminho aos homens. Jesus cumpriu sua missão, a ponto de morrer numa cruz por amor a nós e no terceiro dia ressuscitou. Após sua ressurreição Ele aparece aos discípulos e lhes deixa a missão de continuar o projeto do Pai. Depois de lhes deixar a missão, Jesus sobe e volta para junto do Pai. Mas mesmo estando ausente, com a sua ascensão, Jesus promete estar todos os dias com os discípulos. O catequista poderá questionar os catequizandos sobre como isto é possível.

O catequista poderá dizer que Jesus volta para junto de Deus Pai, mas se faz presente todos os dias em nosso meio, de uma maneira sacramental, ou seja, a Igreja se torna presença visível do próprio Cristo. Sacramento é um sinal visível de uma ausência. Ao olharmos e participarmos da Igreja, e de modo especial ao celebrarmos os Sacramentos, Jesus se faz presente no meio do seu povo, pois como nos recorda ainda outra passagem do Evangelho de Mateus (18,20): "Onde dois ou três estiverem reunidos em meu nome, eu estarei ali no meio deles".

A Igreja é, portanto a responsável de reunir os homens e mulheres, é a responsável em transmitir a fé e testemunhar e revelar esse Deus que caminha com o seu povo. Diz-nos o Catecismo da Igreja Católica (780): "A Igreja é no mundo presente o sacramento da salvação, o sinal e o instrumento da comunhão de Deus e dos homens."

Para o próximo encontro, pedir para os catequizandos para que pesquisem e tragam por escrito quais são os sete Sacramentos da Igreja.

Oração final: Ao redor da Mesa da Palavra, pedir para que cada catequizando faça orações espontâneas, rezando principalmente por aquelas pessoas que por algum motivo, não fazem mais parte do nosso convívio, e que em nós deixou o sentimento da saudade. Rezar o Pai-Nosso e concluir com a oração:

> *Senhor Nosso Deus, queremos te louvar e agradecer, por ter enviado por amor, Jesus ao mundo para nos salvar. Louvamos e agradecemos também, por toda a Igreja, sinal visível de Sua presença em nosso meio. Por Cristo Senhor Nosso. Amém.*

No final da oração, o catequista impõe as mãos sobre a cabeça de cada catequizando e traça o sinal da cruz em sua fronte dizendo:

> *"...N..., Cristo permaneça contigo, vai em paz e que o Senhor te acompanhe! Amém".*

MATERIAL DE APOIO

- Aprofundar o tema nos parágrafos 774 a 776 e 1066 a 1112 do Catecismo da Igreja Católica.
- Ler o texto: SACRAMENTOS. In: ALVES, Rubem. Creio na Ressurreição do Corpo. São Paulo: Paulus, 1997.

3º Encontro

Os Sacramentos deixados por Cristo

(Encontro a ser realizado na 3ª SEMANA DO ADVENTO)

Palavra inicial: Amigo catequista, neste encontro queremos mostrar para os nossos catequizandos que os sete sacramentos foram instituídos pelo próprio Cristo.

Preparando o ambiente: Ambão com toalha roxa, Bíblia, vela, coroa do advento e sete tiras de papel escrito em cada uma, um dos sete Sacramentos

Acolhida: O catequista acolhe cada catequizando carinhosamente, dizendo: ""...N..., *Cristo nos deixou os Sacramentos*".

Recordação da vida: Ao redor da Mesa da Partilha, ou em pé ao redor da Mesa da Palavra, lembrar fatos e acontecimentos que marcaram a semana.

NA MESA DA PALAVRA

Oração inicial: De pé ao redor da Mesa da Palavra, invocar o Espírito Santo rezando ou cantando e concluir com uma oração espontânea procurando enfatizar o diálogo com Deus (Não se esquecer de acender a terceira vela da coroa do advento).

O catequista convida o catequizando (escalado como leitor do encontro) para se dirigir até o ambão e proclamar o texto indicado.

Leitura do texto bíblico: At 2,37-39.

E em seguida o catequista lê novamente, desta vez pausadamente, destacando alguns pontos do texto:

> *"...Arrependei-vos e cada um de vós seja batizado em nome de Jesus Cristo para o perdão dos pecados, e recebereis o dom do Espírito Santo..."*

Após a leitura, todos dirigem-se à Mesa da Partilha.

NA MESA DA PARTILHA

Reconstruir o texto bíblico. Depois pedir que cada catequizando abra sua Bíblia no capítulo e versículos proclamados e leiam individualmente em silêncio. Logo após o catequista poderá motivá-los a partilhar o texto.

O catequista retoma o texto dizendo que Jesus quando subiu para junto do Pai, nos deixou o Espírito Santo, que está presente e podemos sentir no nosso dia-a-dia. Ele é nosso advogado, que nos orienta e nos alerta quando estamos nos desviando do caminho de Jesus. Quando reconhecemos que somos pecadores, frágeis e pequenos, e necessitados de Deus, é o Espírito Santo que age em nós e nos fortalece para continuarmos na busca do Reino Celeste. No texto bíblico, observar que não é só a Palavra da pregação que basta. A Palavra ilumina, chama à conversão, mas precisa ser completada pela GRAÇA do sacramento ("seja batizado"). A Igreja, Sacramento de salvação, continua a obra de Cristo com a Palavra e os Sacramentos.

Os Sacramentos são a maneira por excelência no qual podemos tocar a Deus e nos deixar ser tocado por Ele. Nos Sacramentos o Espírito Santo age em nós. Podemos e devemos chegar até Deus com todos os nossos sentidos e não só com a inteligência.

Quais são os nossos sentidos? Temos cinco sentidos, ou seja, maneiras diferentes de interagir com o ambiente e com as pessoas e perceber o que esta ao nosso redor. Através da visão, audição, paladar, tato e do olfato, Deus dá-Se a nós nos sinais terrenos: pão, vinho, óleo, através de palavras, unções, imposição das mãos...

As pessoas viram, ouviram e puderam tocar Jesus experimentando com isso a cura e a salvação do corpo e do espírito. Os sinais sensíveis (os sacramentos), mostram esta maneira de Deus agir na totalidade do ser humano.

Quando escutamos a pregação do Evangelho e nos convertemos, vemos a necessidade de mudança em nós, e precisamos dar um passo neste sentido, os sacramentos se tornam o passo concreto. Como vimos na leitura, ao se converter, o gesto concreto de se entregar a Deus, foi através do Batismo. O Sacramento do Batismo foi o nosso "sim", a nossa resposta em mudar de vida e aceitar viver com Jesus.

Portanto Jesus institui sete Sacramentos, sete sinais sensíveis, maneiras de nos tocar e de se deixar tocar ao longo de toda nossa caminhada cristã.

E quais são os sete Sacramentos deixados por Cristo?

A medida que forem falando, o catequista coloca em cima da mesa ou no mural as tiras de papel em que se tem escrito cada um dos sete Sacramentos: Batismo; Crisma; Eucaristia; Penitência; Unção dos Enfermos; Matrimônio e Ordem.

Conclusão: Os sete Sacramentos foram instituídos e deixados pelo próprio Cristo como sinal de sua presença, como uma maneira de nos tocar e se deixar tocar por cada um de nós.

Oração final: Ao redor da Mesa da Palavra, pedir para que cada catequizando faça orações espontâneas. Rezar o Pai-Nosso e concluir com a oração:

> *O Pai de bondade, queremos te louvar e te agradecer por nos deixar os sacramentos como sinal de sua presença em nosso meio. Que possamos ao longo de nossa vida cristã experimentá-los em nossa vida de fé. Por Cristo Senhor Nosso. Amém.*

No final da oração, o catequista impõe as mãos sobre a cabeça de cada catequizando e traça o sinal da cruz em sua fronte dizendo:

> *"N..., deixar-se tocar por Cristo, vai em paz e que o Senhor te acompanhe!".*

MATERIAL DE APOIO
- Aprofundar o tema nos parágrafos 1113 a 1209 do *Catecismo da Igreja Católica (CIC)*.

Os sete Sacramentos da Igreja
(Encontro a ser realizado na 4ª SEMANA DO ADVENTO)

Palavra inicial: Neste encontro, falaremos sobre os sete sacramentos, como estão divididos, e como atingem todas as etapas e todos os momentos importantes da vida do cristão.

Preparar o ambiente: Ambão com toalha roxa, Bíblia, vela coroa do advento e tiras de papel escrito cada um dos sete Sacramentos (os mesmos utilizados no 3º encontro).

Acolhida: O catequista acolhe os catequizandos saudando-os com a frase: *"Os Sacramentos estão presentes em toda nossa vida de fé ...N..., seja bem vindo!"* e os conduz para dentro da sala.

Recordação da vida: Quando já estiverem na sala, ao redor da Mesa da Partilha, ou em pé ao redor da Mesa da Palavra, ter um momento de diálogo com os catequizandos perguntando a cada um como foi a sua semana, o que fez, o que aconteceu que queira compartilhar com o grupo.

Após esse momento, o catequista poderá perguntar sobre o encontro anterior, pedindo para que partilhem o que cada um lembra. Poderão destacar ainda, os acontecimentos importantes que possam ter ocorrido na vida da comunidade. Logo após todos se colocam em pé ao redor da Mesa da Palavra.

NA MESA DA PALAVRA

Oração inicial: O catequista motiva a oração de maneira bem espontânea. Poderá ainda invocar o Espírito Santo, rezando ou cantando (não se esquecer de acender a quarta vela da coroa do advento).

Um catequizando dirige-se até o ambão de onde proclama o texto bíblico indicado.

Leitura do texto bíblico: 1Tm 1,12-17.

Depois de um período de silêncio, o catequista lê o texto novamente, desta vez pausadamente destacando alguns pontos.

> *"Dou graças àquele que me deu forças, a Cristo Jesus, nosso Senhor, porque me julgou digno de confiança e me chamou ao ministério..."*

Todos se dirigem para a Mesa da Partilha.

NA MESA DA PARTILHA

Sentados ao redor da Mesa da Partilha, o catequista convida cada catequizando a abrir sua Bíblia no capítulo e versículos proclamado e pede para que leiam individualmente em silêncio. Logo após o catequista incentiva-os a partilhar o texto.

Depois o catequista poderá refletir o texto dizendo que Deus veio para os pecadores. Assim como o doente necessita do médico, nós pecadores precisamos de Deus. E quando reconhecemos essa necessidade e recorremos a Deus, Ele vem ao nosso encontro e nos cura, nos salva, nos fortalece e nos convida a segui-lo, anunciando a sua Palavra. Ao longo de toda nossa caminhada cristã, Jesus nos assiste com os seus Sacramentos.

"Pelo Batismo passamos de 'ameaçados filhos humanos' a 'protegidos filhos de Deus'; através da Confirmação, passamos de 'pessoas que procuram' a 'pessoas decididas'; mediante a confissão passamos de 'culpados' a 'reconciliados'; pela Eucaristia passamos de 'famintos' a 'pão para os outros'; no Matrimônio e na Ordem passamos de 'individualistas' a 'servos do amor'; através da Unção dos Enfermos passamos de 'desesperados' a 'pessoas confiantes'. Em todos os sacramentos, o SACRAMENTO é o próprio Cristo. N'Ele crescemos da inutilidade do egoísmo para a verdadeira Vida, que não mais se acaba" (Youcat, 173).

Os Sacramentos atingem todas as etapas e os momentos mais importantes da vida do cristão: dão à vida de fé do cristão origem e crescimento, cura e missão (Cf. CIC 1210).

Seria importante que tanto o catequista quanto os catequizandos decorassem pelo menos a primeira sentença do que é Sacramento, conforme a definição do Catecismo da Igreja Católica(n. 1131): **"Os Sacramentos são sinais eficazes da graça, instituídos por Cristo e confiados à Igreja, por meio dos quais nos é dispensada a vida divina.** Os ritos visíveis sob os quais os Sacramentos são celebrados significam e realizam as graças próprias de cada sacramento. Produzem fruto naqueles que os recebem com as disposições exigidas."

Os Sacramentos podem ser divididos em três grupos:

1. Batismo, Crisma e Eucaristia: chamados de SACRAMENTOS DA INICIAÇÃO CRISTÃ, onde são lançados os fundamentos de toda a vida cristã. Onde o homem recebe a vida nova de Cristo.

2. Penitência e Unção dos Enfermos: Chamados de SACRAMENTOS DE CURA, pois o homem, frágil e habitante ainda deste mundo esta sujeito à dor e ao sofrimento, à doença e a morte. A nova vida de filhos de Deus pode se tonar ameaçada pelo pecado. Cristo é o médico de nossas almas e de nossos corpos e a Igreja continua nesses sacramentos sua obra de cura e salvação.

3. Matrimônio e Ordem: Chamados de SACRAMENTOS DO SERVIÇO DA COMUNHÃO, "estão ordenados à salvação de outrem. Se contribuem também para a salvação pessoal, isso acontece por meio do serviço aos outros. Conferem uma missão particular na Igreja e servem para a edificação do Povo de Deus" (CIC 1534).

Após partilhar um pouco a divisão dos Sacramentos, o catequista poderá pegar as tiras com o nome de cada Sacramento e agrupá-los com a ajuda dos catequizandos. Depois poderá pedir aos catequizandos que partilhem e tentem perceber em que fase da vida do ser humano, cada Sacramento está ligado. Lembramos que neste sentido, a Eucaristia ocupa lugar único por ser "Sacramento dos sacramentos": É fonte e ápice da vida eclesial.

Conclusão: Quando decidimos seguir Jesus e aceitamos o seu projeto de salvação, Deus não nos abandona. Ele nos assiste e nos acompanha durante toda a nossa caminhada terrena. Os sacramentos são uma maneira visível e palpável de sentir sua presença e de caminhar com Ele. Os Sacramentos nos fortalecem nesta jornada, marcando toda nossa vida.

O catequista poderá propor uma pesquisa, onde os catequizandos poderão questionar quais os Sacramentos que os pais, avós, tios e tias receberam e trazer no próximo encontro. O catequista, ou um grupo da paróquia poderá utilizar desta pesquisa e verificar o porque não receberam alguns Sacramentos e propor a formação de um grupo de catequese de adultos, onde os pais e familiares poderão além de dar exemplo e testemunho de fé aos catequizandos, serem inseridos e acolhidos na vida da comunidade.

Oração final: O catequista convida os catequizandos a ficarem em pé ao redor da Mesa da Palavra e formularem preces e louvores a Deus. Depois o catequista conclui rezando o Pai-Nosso e a oração:

> *Deus, Pai de bondade, em nome do teu Filho te pedimos que sejamos fiéis e perseverantes na vivência comunitária, para que, unidos possamos partilhar os Sacramentos e um dia chegar a vida eterna. Por Cristo, nosso Senhor. Amém.*

No final da oração, o catequista impõe as mãos sobre a cabeça de cada catequizando e traça o sinal da cruz em sua fronte dizendo:

> *"N..., vai em paz, que o Senhor te acompanhe! Amém."*

Lembrete

Na semana do Natal e do Ano Novo, não haverá encontros de catequese, porém, os catequizandos devem ser incentivados a participar das celebrações da comunidade (Missa da Vigília e do dia do Natal, Sagrada Família e Maria Mãe de Deus). **Os encontros de catequese retornam na semana após a celebração da Epifania do Senhor.**

Sugestão de Vivência

Nos próximos encontros iremos começar a falar sobre o Sacramento do Batismo. Sendo assim, sugerimos que nas próximas semanas, o catequista se organize juntamente com o padre e a Pastoral do Batismo, para que os catequizandos participem de uma celebração batismal. De preferencia a celebração batismal aconteça entre o 5º e 7º encontro. Propomos meditar toda a riqueza do rito da celebração do batismo com os catequizandos, e a participação em uma celebração antes do encontro reconhecendo ser esta experiência de fundamental importância.

MATERIAL DE APOIO
- Aprofundar o tema nos parágrafos 1210 e 1211ss do Catecismo da Igreja Católica.

5º Encontro

O Sacramento do Batismo

Palavra inicial: Prezado catequista, neste encontro queremos apresentar aos nossos catequizandos o Sacramento do Batismo, como porta de entrada da fé cristã e da adoção divina.

Preparar o ambiente: Ambão com toalha branca, vela e flores. Painel com várias fotos de pessoas sendo batizadas (crianças e adultos), recipiente com água benta.

Acolhida: O catequista acolhe os catequizandos saudando-os com a frase: *"Pelo Batismo nos tornamos filhos de Deus ...N...!"* e os conduz para a sala de encontro. Quando já estiverem na sala, saúda a todos mais uma vez, desejando-lhes boas vindas.

Recordação da vida: Ao redor da Mesa da Partilha, ou em pé ao redor da Mesa da Palavra, fazer uma retrospectiva da semana, de como foram as festividades do natal, bem como as celebrações do Tempo do Natal. O catequista poderá ainda perguntar sobre o encontro anterior, recordando-o. Logo após inicia a oração louvando e agradecendo por tudo o que foi lembrado.

NA MESA DA PALAVRA

Oração inicial: O catequista motiva a oração, onde poderá passar um recipiente com água benta para que possam tocar na água e traçar o sinal da cruz em suas frontes recordando o Batismo. Poderá ainda invocar o Espírito Santo rezando ou cantando.

Um catequizando dirige-se até o ambão de onde proclama o texto bíblico.

Leitura do texto bíblico: At 8,27-39.

Depois de um momento de silêncio o catequista lê o texto novamente bem devagar destacando alguns pontos:

> *"...Dize-me, de quem o profeta está falando? [...] Felipe pôs-se a falar e, começando com esta passagem da Escritura, anunciou-lhe a boa-nova de Jesus. [...] e o camareiro disse: 'Aqui existe água, o que impede que eu seja batizado? ...'"*

Todos se dirigem para a Mesa da Partilha.

NA MESA DA PARTILHA

Reconstruir com os catequizandos o texto bíblico. Depois pedir para abrir suas Bíblias na passagem proclamada, e os convidar a uma leitura silenciosa observando algum detalhe não comentado na reconstrução do texto. Se houver algo, todos podem partilhar.

Depois refletir com os catequizandos que muitas pessoas nascem e crescem em famílias não católicas e muitas nem acreditam em Deus. Talvez estas pessoas nunca ouviram falar de Jesus, ou nunca tiveram oportunidade de receber o anuncio do Evangelho. Aquele etíope, estava lendo as Sagradas

Escrituras, porém, faltava alguém que lhe ajudasse a entender. Deus envia Felipe, que partindo do texto proclamado, lhe anuncia a pessoa de Jesus Cristo. O AMOR e a convicção com que Felipe fala de Cristo, e dele da testemunho, toca o coração do etíope, mexe com seu ser, faz brotar o sentimento de mudança, de conversão a ponto de pedir o Batismo.

Quando o Evangelho é anunciado, e as pessoas o ouvem e o deixam cair no coração, acontece uma transformação de vida. Além do desejo, surge também a necessidade de dar passos concretos nesta mudança. Uma delas é aceitar publicamente Jesus Cristo e caminhar com Ele, e com a comunidade. Este passo concreto é dado através do Sacramento do Batismo. Com o Batismo abrimos nossa mente e coração para escutar Jesus, e segui-Lo, vivendo como Ele viveu.

Com o Batismo, passamos a fazer parte de uma grande família, chamada de Cristãos. Com o Batismo recebemos o mesmo sobrenome, somos adotados por Deus como filhos. Deixamos de ser simplesmente criaturas, e nos tornamos filhos adotivos. Deus nos acolhe, e nos trata como filhos. Nesse sentido, nos tornamos todos irmão. Pois todos fomos gerados no mesmo útero: a fonte batismal.

No Batistério Lateranense à inscrição:

> "AQUI (fonte batismal)
>
> NASCE PARA O CÉU UM POVO DE NOBRE ESTIRPE.
>
> O ESPÍRITO É QUEM DÁ A VIDA NESSAS ÁGUAS FECUNDAS.
>
> AQUI, A MÃE IGREJA GERA, COM FERTIL VIRGINDADE, AQUELES QUE COLOCA NO MUNDO PELA AÇÃO DO ESPÍRITO.
>
> ESTÁ É A FONTE DA VIDA QUE BANHA TODO O UNIVERSO: BROTA DA FERIDA ABERTA DO CORAÇÃO DO CRISTO E FAZ O CRISTÃO.
>
> ESPERAI NO REINO VOS QUE NASCESTES NESTA FONTE".

Com o Batismo nascemos de novo, aceitamos a salvação dada por Deus e somos lavados de todo o pecado.

O catequista poderá perguntar aos catequizandos quem já é batizado e se eles sabiam o sentido e o valor do Batismo.

Conclusão: Aquele etíope só decidiu mudar de vida, porque houve quem lhe anunciasse o Evangelho, teve quem lhe apresentasse a pessoa de Jesus Cristo. Com o Batismo todos nós Cristãos, recebemos a missão de além de viver no seguimento de Cristo, de também anuncia-lo a todas as pessoas indistintamente. Temos falado de Jesus para as pessoas? Temos vivido como Ele viveu? Temos amado como Ele nos amou?

Oração final: O catequista convida os catequizandos a ficarem em pé ao redor da Mesa da Palavra onde poderá pedir para que façam preces pela paz e unidade dos cristãos. Depois rezando o Pai-Nosso conclui com a oração:

Deus, Pai amado, que conhece o coração de cada um de nós, ajuda-nos a viver como irmãos e irmãs sendo bons cristãos. Que possamos assumir nosso compromisso Batismal de anunciá-lo a todos os povos. Por Cristo nosso Senhor. Amém!

No final da oração, o catequista impõe as mãos sobre a cabeça de cada catequizando e traça o sinal da cruz em sua fronte dizendo:

"...N...anunciai o Evangelho, vai em paz, que o Senhor te acompanhe! Amém".

Sugestão de Vivência

Como já dito anteriormente, é importante que os catequizandos possam participar de uma celebração batismal, antes do 7° Encontro. Se o catequista conseguir organizar, juntamente com o padre e a Pastoral do Batismo, esta participação, não se esquecer de comunicar o dia e a hora da celebração. Pedir que cheguem com antecedência, para que o catequista possa prepará-los para esta experiência, conforme roteiro sugerido a seguir.

Se for inviável a participação na celebração, o catequista poderá passar um vídeo sobre o Sacramento do Batismo, que contenha cenas do rito batismal.

MATERIAL DE APOIO
- Aprofundar o tema nos parágrafos 1213 a 1284 do Catecismo da Igreja Católica.

Encontro de orientação para a participação na celebração batismal

Palavra inicial: Prezados catequistas, esta reunião poderá acontecer minutos antes da celebração do Batismo, onde queremos chamar a atenção dos catequizandos para alguns detalhes importantes desta celebração, dos quais iremos aprofundar no próximo encontro.

Orientações para a reunião:

- Primeiramente parabenizar os catequizandos pela presença.
- Introduzir com uma breve explicação dizendo a importância de participar desta celebração em silêncio e prestando bastante atenção em cada gesto e palavras ditas durante os ritos.
- Pedir para que fiquem atentos aos símbolos que serão usados: óleo, água, vela...
- Ficar atento às palavras ditas durante o rito do batismo.
- Quais os ritos feitos antes e quais os ritos feitos depois de mergulhar ou jogar a água no catecúmeno.
- Orientá-los o dia e a hora do próximo encontro.

Sugestão

Propomos que o catequista leia a introdução do Ritual do Batismo de Crianças e o "Rito do Batismo de Várias Crianças", observando as rubricas.

A linguagem simbólica e ritual da Igreja

Palavra inicial: Nesse encontro, queremos mostrar aos nossos catequizandos que toda a comunicação dos Sacramentos é feita através de ritos e símbolos. A liturgia é ritual e simbólica.

Preparar o ambiente: Ambão com toalha da cor do tempo litúrgico, vela, flores, símbolos e sinais usados na liturgia: óleo, água, fogo, ramos, incenso, pão, vinho, entre outros. Para dinâmica: Jarro com água, bacia e toalha de banho grande.

Acolhida: O catequista acolhe os catequizandos saudando-os com a frase: *"Deus usa de sinais e símbolos para nos falar ...N..., seja bem vindo!"* e os conduz para dentro da sala. Quando já estiverem na sala, saúda a todos mais uma vez, desejando-lhes boas vindas.

Recordação da vida: Após serem acolhidos, ao redor da Mesa da Partilha, ou em pé ao redor da Mesa da Palavra, convidar a fazer uma retrospectiva da semana, e o catequista poderá perguntar sobre o encontro anterior.

NA MESA DA PALAVRA

Oração inicial: O catequista motiva um momento de oração, criando um clima de espiritualidade para o encontro e para a proclamação da Palavra. Poderá rezar ou cantar invocando o Espírito Santo.

Em seguida, o catequista poderá convidar a todos para cantar aclamando o santo Evangelho e um catequizando dirige-se até o ambão de onde o proclama.

Leitura do texto bíblico: Jo 13,4-17.

Depois de um momento de silêncio o catequista lê o texto novamente bem devagar destacando alguns pontos.

> *"Levantou-se então da mesa, tirou o manto, tomou uma toalha e amarrou-a na cintura. [...] e começou a lavar os pés dos discípulos [...] Se não te lavar os pés, não terás parte comigo..."*

Todos se dirigem para a Mesa da Partilha.

NA MESA DA PARTILHA

O catequista pede para os catequizandos falarem sobre o que entenderam da passagem bíblica desse encontro. Depois pedir aos catequizandos para abrirem suas Bíblias na passagem proclamada na Mesa da Palavra, e os convida a uma leitura silenciosa observando algum detalhe não comentado na reconstrução do texto. Se houver algo, pode-se partilhar.

Dependendo do que os catequizandos disserem, o catequista deve instigá-los com algumas indagações do texto Bíblico, como por exemplo: Por que Jesus lavou os pés dos discípulos? Era porque eles estavam com os pés sujos ou Jesus queria dizer outra coisa com este gesto?

O catequista então poderá dizer que o gesto de Jesus de lavar os pés dos discípulos, era um serviço feito pelos escravos. Jesus assume este serviço, para mostrar aos seus discípulos que todos os que o seguem, não devem buscar status e fama, poder ou dinheiro, mas devem colocar a própria vida em favor dos irmãos. Os seguidores de Jesus devem ser aqueles que servem, que buscam os últimos lugares. A humildade e simplicidade são exigências do Mestre. Jesus, o Mestre e Senhor, com este gesto, nos dá o exemplo. Sendo assim, a atitude de lavar os pés, vai muito além de simplesmente limpar, de um ato de higiene, quer simbolizar a adesão, a escolha, a aceitação ao projeto de Deus. O ato de deixar-se lavar os pés, pode ser entendido também, numa dimensão batismal: para pertencer a nova realidade que Ele trouxe, só passando pelo banho do batismo, ao mesmo tempo seguindo o seu exemplo de doação e entrega total.

O catequista recorda, que na celebração da Ceia do Senhor em cada Quinta-feira Santa, o padre repete este gesto, até os dias de hoje como um forte convite para o seguimento a Jesus que deve acontecer na humildade e caridade fraterna.

Dinâmica: O catequista poderá propor então, a repetição deste gesto, onde os catequizandos lavarão os pés uns dos outros. O catequista poderá dividir os catequizandos de dois a dois ou se preferir, escolher apenas dois catequizandos para participar deste gesto. É importante ressaltar que deverá ser feito num clima de silêncio e observação. Alguns exercícios de respiração poderão ajudar na concentração da turma. Frisar que quem lava, e quem se deixa lavar, deverá ter as atitudes de Jesus, seriedade, humildade e comprometimento com o projeto de Deus. O catequizando que irá lavar os pés amarra a toalha na cintura, enquanto o outro tira o calçado. Quem lavará derrama água nos pés do outro catequizando e depois o enxuga com a toalha. O gesto poderá ser repetido várias vezes por outros catequizandos.

Após esta dinâmica o catequista questionará os catequizandos sobre como foi lavar e se deixar lavar. Quais os sentimentos e pensamentos que vieram em mente. Deixar que falem.

O catequista poderá pegar o jarro com água, bacia e toalha, e dizer que através do gesto de lavar os pés e dos objetos utilizados, Jesus queria comunicar algo a cada um de nós. E assim acontece em todas as celebrações litúrgicas. Através de gestos (ritos) e de objetos (símbolos e sinais), Jesus se comunica a nós, mostrando realidades que vão além simplesmente das que estamos vendo.

Conclusão: O catequista poderá então mostrar outros símbolos e sinais utilizados nas celebrações litúrgicas dos Sacramentos: óleo, ramos, incenso, pão, vinho... dizendo que sinais e símbolos não são coisas, mas relações. Ou seja, a intenção e a intensidade de quem faz o gesto, o olhar de quem olha, além do gesto e do objeto, comunica algo, que vai além do que esta ali, visível. Remete a mente e o coração a outra dimensão, a outra interpretação e a outro significado. Não é um simples partir o pão, não é apenas aspergir a água... Vai além. Para ser símbolo deve comunicar: Um só corpo, que é entregue a muitos, a água aspergida que nos remete ao banho do batismo, lavados e purificados pelo sangue do cordeiro... Não é um ornamento ou decoração. Tem que dizer algo a comunidade dentro do seu contexto cultural e social.

O catequista conclui dizendo que cada Tempo Litúrgico e cada Sacramento tem seus próprios símbolos, como veremos ao longo do ano.

Oração final: Ao redor da Mesa da Palavra o catequista pode incentivar os catequizandos a fazerem orações e agradecimentos. Rezar o Pai-Nosso e concluir com a oração:

> *Senhor nosso Deus, que através dos ritos e símbolo realizados na liturgia, possamos entender e compreender seus mistérios de amor e de salvação. Por Cristo nosso Senhor. Amém!*

No final da oração, o catequista impõe as mãos sobre a cabeça de cada catequizando e traça o sinal da cruz em sua fronte dizendo:

> *"...N..., na busca da humildade e a doação vai em paz, que o Senhor te acompanhe! Amém.".*

MATERIAL DE APOIO

- Aprofundar o tema nos parágrafos 1145 a 1178 do Catecismo da Igreja Católica (CIC).

Aprofunde também nos livros:

- BUYST, Ione. Símbolos na Liturgia. São Paulo: Paulinas, 1998.

- BUYST, Ione. Celebrar com Símbolos. São Paulo: Paulinas, 2001.

7° Encontro

A mistagogia da Celebração do Batismo

Palavra inicial: Neste encontro queremos refletir sobre os ritos e símbolos utilizados na celebração do Batismo.

Preparando o ambiente: Ambão com toalha da cor do tempo litúrgico, vela e flores. Providenciar também os símbolos e sinais utilizados na celebração do Sacramento do Batismo: Santos óleos, água, vela, círio pascal, sal e veste branca.

Acolhida: O catequista acolhe os catequizandos saudando-os com a frase: "*Somos chamados a ser sal e luz do mundo ...N...!*" e os conduz para dentro da sala. Quando já estiverem na sala, saúda a todos mais uma vez, desejando-lhes boas vindas.

Recordação da vida: Após serem acolhidos, ao redor da Mesa da Partilha, ou em pé ao redor da Mesa da Palavra, o catequista convida-os a fazer uma retrospectiva da semana e do encontro anterior. Poderão destacar ainda, os acontecimentos importantes que possam ter ocorrido na vida da comunidade.

NA MESA DA PALAVRA

Oração inicial: O catequista motiva a oração valorizando todas as coisas ditas na recordação da vida. Convida-os a juntos invocarem o Espírito Santo.

O catequista orienta um catequizando escalado para se dirigir até o ambão e proclamar o texto indicado. Antes, porém, o catequista poderá convidar a todos para cantar aclamando o santo Evangelho.

Leitura do texto bíblico: Mc 1,9-11.

Em seguida, após uns minutos de silêncio, o catequista lê-o novamente, desta vez pausadamente destacando alguns pontos do texto.

> "...Jesus veio de Nazaré da Galileia e foi batizado por João, no Jordão..."

Após a leitura, todos se dirigem para a Mesa da Partilha.

NA MESA DA PARTILHA

Pedir aos catequizandos para abrirem suas Bíblias na passagem proclamada na Mesa da Palavra, e os convida a uma leitura silenciosa. Depois refletir sobre o texto bíblico, dizendo que o próprio Jesus, pediu para ser batizado por João que pregava um batismo de conversão, de mudança de vida, de arrependimento.

O Batismo cristão não somente nos leva à conversão e ao seguimento de Cristo. Este Batismo nos insere no Cristo, faz com que nos tornemos participantes da divindade de Jesus. Uma vez que estamos inseridos no Cristo, O Filho único de Deus, nos tornamos também filhos de Deus por adoção.

Este Batismo nos faz membros de Cristo, membros do seu corpo que é a Igreja. Somos pelo Batismo participantes da missão da Igreja, sal da terra e luz do mundo.

Os ritos e símbolos utilizados na celebração batismal nos comunicam qual o sentido do Batismo cristão, indicando como deve ser a sua caminhada de fé.

O catequista poderá pedir aos catequizandos que recordem a celebração batismal do qual participaram, ou se não foi possível esta participação, o que lembram do vídeo apresentado. (estas sugestões foram feitas no final dos encontros 4 e 5).

O catequista então poderá em uma cartolina ou em um quadro, escrever o que os catequizandos lembram e assim poderá ir estruturando o rito do batismo conforme esquema abaixo:

Obs.: O rito poderá variar de acordo com a realidade de cada comunidade. Aqui apresenta-se a estrutura do Ritual do Batismo de Crianças.

I. **Ritos de Acolhida**
>Chegada
>Saudação
>Apresentação das crianças e pedido do batismo
>Sinal da Cruz
>Procissão de entrada

II. **Liturgia da Palavra**
>Proclamação da Palavra
>Homilia
>Oração dos fiéis (e invocação dos santos)
>Oração
>Unção pré-batismal (óleo dos catecúmenos)

III. **Liturgia Sacramental**
>Procissão para o Batistério
>Oração sobre a água (quem preside toca a água ou mergulha o círio pascal)
>Promessas do Batismo
>Batismo (fonte batismal ou pia batismal ou jarro e bacia – água)
>Ritos complementares:
>>Unção pós batismal (óleo do Santo Crisma)
>>Veste Batismal (veste branca)
>>Rito da Luz (círio pascal – vela)
>Ritos complementares opcionais
>>Entrega do Sal (sal)
>>Éfeta

IV. **Ritos finais**
>Oração do Senhor
>Bênção
>Despedida

Apresentamos o rito completo, porém, para uma melhor compreensão dos catequizandos, o catequista poderá simplificar esta estrutura. A medida que os catequizandos forem falando, colocar na frente de cada rito os símbolos e sinais utilizados conforme colocamos entre parênteses na estrutura acima.

O catequista poderá então trabalhar o significado de alguns destes símbolos e sinais utilizados na celebração:

Água – Logo nos remete a vida: água que dá a vida e mata a sede, rega a plantação. Fonte, rio, mar, chuva. Água presente no útero materno que envolve o feto (líquido amniótico). Água sinal também de morte, que destrói: afogamento, enchentes. Água que lava, purifica, limpa.

Neste sentido, no Batismo, a água é sinal de morte e de vida: Com o Batismo morremos para o pecado (entrar na água, mergulhar, afundar, afogar, morrer), e na fonte batismal, ser gerados no grande útero da mãe Igreja, na água fecundada e portadora do Espírito Santo que regenera, que cria a vida nova em Cristo. Sair da água (ser salvo). Ganhamos nova vida, lavado e purificados de todo o pecado. Cristo, a fonte de água viva!

O Batismo pode ser realizado por IMERSÃO ou por INFUSÃO. O primeiro, é mergulhar o batizando na água e retirá-lo. Repetido por três vezes, expressa melhor o sentido pascal deste sacramento: Morrer (ser sepultado) e ressuscitar (ser gerado no útero materno, nascer de novo). O segundo, por infusão, é deixar escorrer água na cabeça do batizando.

Óleo – O óleo de oliva era considerado pelos antigos como uma substância de grande poder. No Oriente Antigo, mais que em outras religiões, a unção era remédio usado para a cura de doenças, seu uso é facilmente encontrado nas grandes ações do Antigo e Novo Testamento até o Messias ser chamado o ungido de Deus por excelência, ungido = Cristo = cristãos. A Igreja usa o óleo para ungir as pessoas consagrando-as, ou seja marcando-as para Deus e enviando-as em missão. Também tem a ver com passar perfume, sinal do Espírito Santo que penetra em nós e nos faz espalhar na sociedade o bom odor de Cristo. Ser perfume para uma sociedade que cheira corrupção e violência. Como ungidos, somos chamados a ser a diferença no mundo.

Luz – Os cristãos eram também chamados de iluminados. Iluminados pela luz de Cristo, pelo ressuscitado, simbolicamente representado no Círio Pascal, que fica ao lado da fonte batismal, depois do tempo pascal. "Eu sou a luz do mundo..." (Jo 8,12). O Círio Pascal é o *Lumen Chisti* (Luz de Cristo), o Ressuscitado, a nova coluna de fogo, a luz nova na peregrinação dos cristãos até a Jerusalém Celeste. As demais velas simbolizam a luz que o cristão deve irradiar no mundo muitas vezes escuro pelo pecado.

Veste batismal – Com o Batismo nos revestimos de Cristo, e a veste batismal simboliza este revestimento, a vida nova que deve ser levada sem mancha, até a vida eterna. A veste costuma ser de cor branca. Remete-nos ao livro do Apocalipse: "Estes, que estão vestidos com túnicas brancas [...] Estes são os que vieram da grande tribulação. Lavaram e branquearam as suas vestes no sangue do cordeiro" (7,13-14). Em Cristo, pelo seu sangue derramado na cruz e com sua morte, fomos lavados e libertos do pecado.

Sal – Em uma de suas parábolas Jesus nos convida a ser "sal da terra". "Se o sal perde seu sabor, com que salgaremos?" (Mc 5,13). No mundo quando não há graça e esperança o cristão recebe a missão de fazer a diferença, de ser testemunho e sinal de contradição. O cristão deve ser o sabor, a Boa Nova, levar a esperança para a sociedade.

Outros ritos, símbolos e sinais poderão ser aprofundados de acordo com a necessidade e maturidade da turma.

Dinâmica: À medida que os símbolos e sinais forem aprofundados, o catequista poderá fazer com que os catequizandos tenham contato com eles. Passar a vasilha com água, pedindo que os catequizandos a toquem. Pedir para que coloquem um pouco de sal na boca, e sintam o sabor. Fazer que sintam o cheiro do óleo do Crisma etc.

Conclusão: Diante de tudo o que foi falado, pedir aos catequizandos que falem o que mais os tocou, o que foi mais significativo a eles e que os tenha ajudado a melhor compreender o significado do Batismo. Deixar que partilhem.

Oração final: O catequista convida os catequizandos a ficarem em pé ao redor da Mesa da Palavra e encerra com um momento de oração. Não se esquecer de incentivar os catequizandos a formularem pedidos e preces e conclui com a oração:

> *Querido Pai do céu, hoje aprendemos um pouco mais do que é ser cristão e a importância da celebração batismal. Queremos de fato, ser sal, luz, bom odor para este mundo que tanto necessita de sua presença. Por Cristo Nosso Senhor. Amém.*

No final da oração, o catequista impõe as mãos sobre a cabeça de cada catequizando e traça o sinal da cruz em sua fronte dizendo:

> "...N... sede sal e luz do mundo, vai em Paz, que o Senhor te acompanhe!."

Sugestão

Será muito importante que o catequista pudesse ter em mãos o Ritual do Batismo de Crianças e analisar toda a estrutura do capítulo I (Rito para o batismo de várias crianças), observando além da sequencia, as rubricas de como proceder.

Lembrete

Propomos que os encontros de catequese tenham um período de RECESSO nas próximas semanas. O tempo variará de acordo com o Calendário Litúrgico. Para programar-se pegue o calendário do ano em decurso e veja o dia em que será celebrado a Quarta-feira de Cinzas. Na semana que antecede a Quarta-feira de Cinzas deverá ser realizado o 8º Encontro. O período entre o 7º e o 8º encontro, será o período de recesso da catequese. Porém, o catequista poderá usar outro critério que for mais conveniente à realidade pastoral da comunidade.

8º Encontro — A graça do Batismo

Palavra inicial: Neste encontro queremos meditar sobre a graça do Batismo na vida do cristão: a purificação dos pecados e a vida nova no Espírito Santo.

Preparando o ambiente: Ambão com toalha da cor do tempo litúrgico, Bíblia e velas.

Acolhida: O catequista acolhe os catequizandos saudando a cada um com a frase: "*Em Cristo somos novas criaturas ...N..., seja bem vindo!*". Quando já estiverem na sala, saúda a todos mais uma vez, desejando-lhes boas-vindas.

Recordação da vida: Após serem acolhidos, ao redor da Mesa da Partilha, ou em pé ao redor da Mesa da Palavra, propor uma retrospectiva da semana, pedindo para que partilhem o que cada um teve de experiência nesse período. Poderão destacar, ainda, os acontecimentos importantes que possam ter ocorrido na vida da comunidade. Se o recesso aconteceu neste período, perguntar se todos participaram das atividades da paróquia: das missas, das reuniões da comunidade etc.

NA MESA DA PALAVRA

Oração inicial: O catequista motiva a oração invocando o Espírito Santo, cantando ou rezando.

Um catequizando aproxima-se do ambão e proclama o texto indicado.

O catequizando aproxima-se do ambão e proclama o texto indicado. Antes, porém, o catequista poderá convidar a todos para cantarem aclamando o santo Evangelho.

Leitura do texto bíblico: Tt 3,3-7.

Depois de um período de silêncio, o catequista lê o texto novamente, desta vez pausadamente e destacando alguns pontos.

> "Antigamente nós também fomos insensatos, rebeldes, desorientados, escravos de toda sorte de paixões e prazeres [...] Mas quando apareceu a bondade de Deus, nosso Salvador [...] por sua misericórdia, mediante o batismo de regeneração e renovação do Espírito Santo [...] a fim de que, justificados por sua graça, nos tornemos, segundo a esperança, herdeiros da vida eterna."

Após a leitura, todos se dirigem para a Mesa da Partilha.

NA MESA DA PARTILHA

Reconstruir com os catequizandos o texto bíblico proclamado. Depois pedir para abrir suas Bíblias na passagem proclamada na Mesa da Palavra, e os convidar a uma leitura silenciosa, observando algum detalhe não comentado na reconstrução do texto. Se houver algo, possibilitar a partilha.

Conversar com os catequizandos dizendo que o pecado nos distancia de Deus, dos ensinamentos de Jesus. Sem Cristo, nos tornamos rebeldes e buscamos a felicidade em coisas passageiras. Mas por amor ao homem e a mulher, Deus, na sua bondade, se manifesta, envia seu filho ao mundo para nos salvar. Morrendo na cruz e nela derramando seu sangue e água, abre a possibilidade de salvação ao homem. Todo aquele que receber o anúncio do Evangelho e reconhecer Jesus como Senhor e Salvador, e for batizado, receber o "banho da regeneração e renovação", recebe como herança o Reino de Deus, a vida eterna.

Pelo Batismo, todos os pecados são perdoados: o pecado original (de Adão e Eva) e todos os pecados pessoais, bem como todas as sequelas do pecado das quais a mais grave é a separação de Deus (Cf. CIC 1263).

No Batismo também somos adotados por Deus, deixamos de ser criatura e nos tornamos filhos adotivos do Pai, membro de Cristo, templo do Espírito Santo.

A herança que recebemos de Deus, por sermos filhos, é a vida eterna. Livres do pecado e da morte, somos destinados a uma vida na alegria dos santos.

O catequista então poderá dizer aos catequizandos que diante da importância do Batismo, a data deste Sacramento deverá ser sempre recordada. E se possível, com festa!

O catequista poderá dizer ainda, que para os cristãos, o Batismo é o único caminho para a Salvação, porém, muitas pessoas não têm e não tiveram a oportunidade de receber o anúncio do Evangelho, e com isto não conheceram a Cristo. Estes encontram salvação desde que procurem a Deus de coração sincero e orientem sua vida segundo a sua consciência.

Conclusão: Deus veio para salvar a todos, e a Igreja tem o dever de anunciar o Evangelho e oferecer os sacramentos a todos, incansavelmente. Sendo assim, todos nós, cristãos e cristãs temos a missão de anunciar Jesus Cristo a todos os povos, raças e nações. Convidar a questionar-se e refletir sobre: Eu enquanto cristão, tenho cumprido meu papel? Tenho levado adiante a missão por Deus, a mim confiada? Depois de falarem, o catequista conclui com a oração ao redor da Mesa da Palavra.

Oração final: Ao redor da Mesa da Palavra, o catequista poderá passar um recipiente com água benta, lembrando o Batismo, onde todos poderão tocar a água e traçar o sinal da cruz em suas frontes. Lembrar que em breve, os que não são batizados receberão o banho batismal. Os catequizandos poderão ser incentivados a rezar por todos os povos que não conhecem Jesus Cristo ou nele não acreditam. Poderão se comprometer em rezar durante a semana por estas intenções. O catequista poderá encerrar convidando a todos a rezarem o Pai-Nosso e conclui com a oração:

Senhor Deus, nosso Pai, te louvamos e agradecemos por todas as graças que alcançamos com o Batismo. Olhai com bondade para os que não tiveram a oportunidade de receber o anúncio do Evangelho. Por Cristo, nosso Senhor. Amém.

No final da oração, o catequista impõe as mãos sobre a cabeça de cada catequizando e traça o sinal da cruz em sua fronte dizendo:

"N..., vai em paz, que o Senhor te acompanhe! Amém".

MATERIAL DE APOIO
- Aprofundar o tema nos parágrafos 1262 a 1266 do Catecismo da Igreja Católica.

9º Encontro — Incorporados à Igreja

Palavra inicial: Prezado catequista, neste encontro queremos refletir que o Batismo nos incorpora a Cristo e a sua Igreja. Pelo Batismo, formamos uma só família, um só corpo, cuja cabeça é Cristo.

Preparando o ambiente: Ambão com toalha da cor do tempo litúrgico, vela, flores.

Acolhida: O catequista acolhe os catequizandos dizendo-lhes: "*Somos todos irmãos ...N..., seja bem-vindo!*". Quando já estiverem na sala, saúda a todos mais uma vez, desejando-lhes boas-vindas.

Recordação da vida: Ao redor da Mesa da Partilha, ou em pé ao redor da Mesa da Palavra, fazer uma breve recordação dos fatos ocorridos durante a semana.

NA MESA DA PALAVRA

Oração inicial: O catequista motiva a oração valorizando todas as coisas ditas na recordação da vida. Depois invoca o Espírito Santo cantando ou rezando "Vinde Espírito Santo...".

O catequista convida um catequizando escalado para se dirigir até o ambão e proclamar o texto indicado.

Leitura do texto bíblico: 1Cor 12,12-27.

Em seguida, após uns minutos de silêncio, o catequista o lê novamente, desta vez pausadamente, destacando alguns pontos do texto.

> "*...todos nós fomos batizados num só Espírito para sermos um só corpo: judeus ou gregos, escravos ou livres; e todos bebemos do mesmo Espírito [...] Vós sois o corpo de Cristo e cada um, por sua vez, é um membro*".

Após a leitura, todos se dirigem para a Mesa da Partilha.

NA MESA DA PARTILHA

Reconstruir com os catequizandos o texto bíblico. Depois pedir para abrir suas Bíblias na passagem proclamada na Mesa da Palavra, e os convidar a uma leitura silenciosa, observando algum detalhe não comentado na reconstrução do texto. Se houver algo, todos podem partilhar.

O catequista convida os catequizandos a ficarem de pé e olharem para o seu próprio corpo. Observar as mãos, tocar os olhos e as pernas, boca e os ouvidos etc. Pedir para que comentem por que a Igreja é comparada ao corpo humano.

Depois partilhar dizendo que São Paulo faz uma comparação com o corpo humano, dizendo que cada membro do corpo tem uma função essencial e todas são importantes e necessárias para o seu bom funcionamento. Assim acontece na Igreja, onde cada pessoa, com o seu dom colocado a serviço, contribui para o anúncio e cumprimento do projeto do Pai.

Quando somos batizados, o padre ou o ministro ao mergulhar ou ao derramar a água sobre o batizando, diz: "...N... *eu te batizo em nome do Pai e do Filho e do Espírito Santo*". Diz apenas o primeiro nome do batizando, omitindo o sobrenome. Querendo significar que todos os que são batizados, recebem um sobrenome comum: cristãos. Pois todos nascemos do mesmo útero, da mesma água. Somos todos filhos e filhas de Deus. Nos tornamos todos irmãos. Neste sentido, a Igreja é a reunião desta grande família, templos vivos do Espírito Santo, onde cada um tem uma função e uma missão.

Todos os membros devem colocar seus dons a serviço uns dos outros. Os que tem o dom de cantar, os que gostam de ler, os que gostam de limpar etc. Na Igreja há muitos serviços e cada um pode participar buscando uma pastoral com a qual se identifique como também, sendo agente evangelizador em casa, na escola, no grupo de amigos, aplicando o que aprendeu na catequese...

E nós, enquanto batizados, cristãos e cristãs, já achamos nosso lugar na Igreja? Como podemos contribuir para que esta família cresça e vivencie tudo o que Jesus pregou? Nesta grande família, neste grande corpo, Cristo é a cabeça e nós somos os membros.

Neste encontro, enquanto catequizandos, somos convocados a assumir um serviço neste grande corpo: seja como coroinha, como membro da equipe da acolhida, ou ainda no coral infantil, fazendo leitura na Missa, participando da infância missionária ou outro serviço.

O catequista poderá então apresentar as várias atividades da Igreja voltadas às crianças e pedir para que procurem se engajar em algum grupo, se ainda não o fazem.

Conclusão: O catequista poderá concluir, dizendo que o Batismo só se recebe apenas uma vez, e que uma vez recebido, este nunca mais é apagado, mesmo que deixemos de ir na Igreja, ou a ela renunciamos. O Batismo imprime na alma um sinal espiritual indelével.

Os que morreram sem o Batismo, mas o desejavam, estes recebem a salvação (Batismo de desejo). Em caso de necessidade, qualquer pessoa pode batizar, desde que tenha a intenção de fazer o que Igreja faz. Derramar água na cabeça do batizando dizendo: "Eu te batizo em nome do Pai e do Filho e do Espírito Santo" (cf. CIC 1284).

Oração final: O catequista convida os catequizandos a ficarem em pé ao redor da Mesa da Palavra e os incentiva a formularem orações e preces. Conclui rezando o Pai-Nosso e com a oração:

> *Pai de amor, que pelo Batismo nos torna todos irmãos e irmãs, te pedimos que verdadeiramente possamos ser um só corpo, colocando nossos dons a serviço da comunidade, fazendo com que sua Palavra chegue a todos os povos. Por Cristo, nosso Senhor. Amém.*

No final da oração, o catequista impõe as mãos sobre a cabeça de cada catequizando e traça o sinal da cruz em sua fronte dizendo:

> "N..., santificado seja o Nome de Deus. Vai em paz e que o Senhor te acompanhe!".

Observação

Se na turma tiver algum catequizando que não recebeu o Sacramento do Batismo, sugerimos que este receba na Solenidade da Vigília Pascal, precedido de uma preparação espiritual e pastoral durante todo o tempo quaresmal, como proposto pelo RICA (Ritual de Iniciação Cristã de Adultos) e adaptado a esta realidade. Os pais e catequizandos deverão ser orientados previamente quanto a escolha dos padrinhos de Batismo.

É de suma importância que a Pastoral Litúrgica e a Pastoral do Batismo estejam envolvidas nesta etapa. Toda a estrutura deste processo encontra-se nos anexos.

MATERIAL DE APOIO

- Aprofundar o tema nos parágrafos 1267 a 1284 do Catecismo da Igreja Católica (CIC).

10° Encontro

O Sacramento da Confirmação

Palavra inicial: Prezado catequista, neste encontro vamos apresentar aos nossos catequizandos o segundo Sacramento da Iniciação Cristã: a Confirmação.

Preparando o ambiente: Ambão com toalha da cor do tempo litúrgico, vela, flores.

Acolhida: O catequista acolhe os catequizandos, dizendo-lhes: *"Seja bem vindo ...N..., Deus te chama a construir o Reino!"*. Quando já estiverem na sala, saúda a todos mais uma vez, desejando-lhes boas-vindas.

Recordação da vida: Após serem acolhidos, ao redor da Mesa da Partilha, ou em pé ao redor da Mesa da Palavra, o catequista os convida a fazer uma retrospectiva da semana. O catequista poderá perguntar sobre o encontro anterior, relembrando-o.

NA MESA DA PALAVRA

Oração inicial: O catequista motiva a oração, invocando o Espírito Santo e concluindo com uma oração espontânea.

O catequista convida a todos a cantar aclamando o Santo Evangelho. Em seguida, um catequizando dirige-se até o ambão, de onde proclama o texto bíblico.

Leitura do texto bíblico: Lc 4,16-22a.

Depois de um período de silêncio, o catequista lê o texto novamente, desta vez pausadamente e destacando alguns pontos.

> *"...O Espírito do Senhor está sobre mim, porque ele me ungiu para anunciar a boa-nova aos pobres [...] Hoje se cumpriu esta passagem da Escritura que acabais de ouvir"*

Após a leitura, todos se dirigem para a Mesa da Partilha.

NA MESA DA PARTILHA

Reconstruir com os catequizandos o texto bíblico. Depois pedir para abrir suas Bíblias na passagem proclamada na Mesa da Palavra, convidá-los a uma leitura silenciosa observando algum detalhe não comentado na reconstrução do texto. Se houver algo, todos podem partilhar.

O catequista questina os catequizandos sobre o que eles entendem por "Espírito do Senhor". Depois recorda que o "Espírito" do qual fala o texto, é o Espírito Santo, terceira pessoa da Santíssima Trindade, como já vimos na segunda etapa da catequese.

O Espírito Santo já havia sido anunciado pelos profetas no Antigo Testamento, e dito que ele repousaria sobre o Messias. Com o Batismo de Jesus, esta profecia se cumpre quando o Espírito desce em forma de pomba sobre Ele. Cristo, por sua vez, promete a todo instante enviar também, sobre todos os que o seguem, esta efusão do Espírito, que se torna realidade primeiramente no dia da Páscoa e de forma mais marcante no dia de Pentecostes. Repletos do Espírito Santo, os apóstolos começam a proclamar a Boa Nova de Jesus Cristo, a anunciar o seu Evangelho. Todos os que creram e foram batizados receberam também o mesmo Espírito.

"Desde de então, os apóstolos, para cumprir a vontade de Cristo, comunicam aos neófitos, pela imposição das mãos, o dom do Espírito que leva a graça do Batismo sua consumação" (CIC 1288). Este gesto de impor as mãos e conferir o Espírito Santo foi chamado pela Igreja de "Sacramento da Confirmação".

"Bem cedo, para melhor significar o dom do Espírito Santo, acrescentou-se à imposição das mãos uma unção com óleo perfumado (Crisma). Esta unção ilustra o nome de 'cristão', significa 'ungi-do' e que deriva a sua origem do prórpio nome de Cristo, ele que 'Deus ungiu com o Espírito Santo' (At 10,38)" (CIC 1289).

A imposição das mãos e a unção completam o Batismo e pelo qual se recebe o dom do Espírito Santo, obtém força para testemunhar o amor e o poder de Deus com atos e palavras.

Com a Confirmação, muitos que foram batizados ainda pequenos, sem entender o seu significado e importância, têm a oportunidade e a maturidade de livremente escolherem seguir Jesus Cristo e sua Igreja.

Conclusão: Como catequizandos, estamos num processo de conhecimento e amadurecimento da fé. Daqui alguns anos vamos ter a oportunidade de responder livremente, ao chamado de Deus, quando pedirmos a Igreja o Sacramento da Confirmação, onde muitos que foram batizados de pequenos, poderão dizer SIM e assumir definitivamente sua missão e responsabilidade pelo anúncio do Reino de Deus.

Oração final: Ao redor da Mesa da Palavra, o catequista motiva a oração final, onde poderão ser feitos pedidos e preces por toda Igreja e pelo crescimento do Reino de Deus. Conclui com o Pai-Nosso e com a oração:

> *Deus Pai de bondade, te louvamos e agradecemos por enviar teu Filho ao mundo para anunciar e instaurar teu reino aqui na Terra. Te pedimos que nos fortaleça com o dom do Espírito Santo, na missão de anunciá-lo e fazê-lo crescer em nosso meio. Por nosso Senhor Jesus Cristo. Amém.*

No final da oração, o catequista impõe as mãos sobre a cabeça de cada catequizando e traça o sinal da cruz em sua fronte dizendo:

> *"O Espírito do Senhor esta sobre nós ...N... vai em paz, que o Senhor te acompanhe! Amém".*

MATERIAL DE APOIO
- Aprofundar o tema nos parágrafos 1285 a 1292 do *Catecismo da Igreja Católica (CIC)*.

11º Encontro — Mistagogia do Sacramento da Confirmação

Palavra inicial: Neste encontro, queremos mostrar aos catequizandos quais são os ritos e símbolos próprios do Sacramento da Confirmação.

Preparando o ambiente: Ambão com toalha da cor do tempo litúrgico, Bíblia, vela, flores e óleo do Santo Crisma.

Acolhida: O catequista acolhe os catequizandos com a frase ou outra semelhante: "...N..., revesti-vos do Espírito Santo".

Recordação da vida: Ao redor da Mesa da Partilha, ou em pé ao redor da Mesa da Palavra, lembrar fatos e acontecimentos que marcaram a semana. Lembrar que no último encontro falávamos do Sacramento da Confirmação, o qual hoje iremos aprofundar ainda mais.

NA MESA DA PALAVRA

Oração inicial: O catequista conduz a oração de uma maneira bem espontânea, onde depois poderá cantar ou rezar, invocando o Espírito Santo: "Vinde Espírito Santo, enchei..."

Um catequizando dirige-se até o ambão, de onde proclama o texto bíblico.

Leitura do texto bíblico: At 8,14-17.

Depois de um momento de silêncio, o catequista lê o texto novamente, bem devagar, destacando alguns pontos.

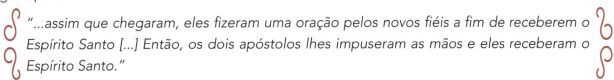

> "...assim que chegaram, eles fizeram uma oração pelos novos fiéis a fim de receberem o Espírito Santo [...] Então, os dois apóstolos lhes impuseram as mãos e eles receberam o Espírito Santo."

Todos se dirigem para a mesa da partilha.

NA MESA DA PARTILHA

Reconstruir com os catequizandos o texto bíblico. Depois pedir para abrir suas Bíblias na passagem proclamada na Mesa da Palavra, e convidá-los a uma leitura silenciosa, observando algum detalhe não comentado na reconstrução do texto. Se houver algo, todos podem partilhar.

O catequista medita com os catequizandos o texto bíblico dizendo que todos nós recebemos o chamado de seguir Jesus e anunciá-lo. Muitos de nós, com certeza não nos sentimos dignos e muito menos preparados para falar de Jesus. Porém, a medida que nos entregamos a Ele, e que a Ele nós voltamos, Ele nos capacita e nos prepara a cumprir a missão a nós reservada.

Os apóstolos tiveram medo, se esconderam quando Jesus tinha sido crucificado, mas apesar de terem agido assim, eles confiaram, acreditaram na promessa do Mestre. Jesus envia sobre eles o

Espírito Santo, e eles se tornam portadores da esperança, portadores da fé. E com coragem impõem as mãos e transmitem o Espírito Santo.

Até hoje, este gesto é repetido no Sacramento da Confirmação pelo bispo e por alguns padres que impõem as mãos sobre a cabeça dos fiéis e transmite-lhes o Espírito de Deus, e ungindo-os, marca-os para Cristo. Queremos então conhecer um pouco mais este rito tão importante.

Na Celebração Eucarística, após a homilia, os confirmandos renovam as promessas feitas no Batismo. O Bispo, então, faz a imposição das mãos dizendo:

Roguemos, irmãos e irmãs, a Deus Pai Todo-poderoso, que derrame o espírito santo sobre estes seus filhos e filhas adotivos, já renascidos no Batismo para a vida eterna, a fim de confirmá-los pela riqueza de seus dons e configurá-los pela sua unção ao Cristo, Filho de Deus.

(Todos rezam um momento em silêncio e o bispo impõe as mãos sobre todos os confirmados.)

Deus todo-poderoso,

Pai de nosso senhor Jesus Cristo,

Que, pela água e pelo espírito santo,

Fizestes renascer estes vossos servos e servas,

Libertando-os do pecado,

Enviai-lhes o espírito santo paráclito;

Dai-lhes, senhor, o espírito de sabedoria e inteligência,

O espírito de conselho e fortaleza,

O espírito de ciência e piedade

E enchei-os do espírito do vosso temor.

Por Cristo, nosso Senhor.

O Bispo procede com a Unção do Crisma:

BISPO: **...N..., recebe, por este sinal, o espírito santo, o dom de Deus.**

CONFIRMANDOS: **Amém.**

BISPO: **A paz esteja contigo.**

CONFIRMANDOS: **E contigo também.**

O catequista esclarece que são ritos simples, mas de grande importância para a vida de fé. Poderá aprofundar o sentido da imposição das mãos e o simbolismo do óleo do Santo Crisma.

As mãos – Imposição: Uma das partes do corpo responsável pelo contato com os outros. Mãos que defendem, protegem, acariciam, que alimentam. O gesto de impor as mãos é muito antigo e utilizado com os mais variados significados: transmitir o poder da cura, abençoar, proteger etc. Além do Sacramento da Confirmação, a imposição das mãos é realizada em outros sacramentos, com sentidos diferentes, como veremos ao longo do ano. Na Confirmação, a imposição é a transmissão do Espírito Santo aos batizados.

Óleo – Unção: Já vimos que o uso do óleo também é muito frequente e com muitos significados. No Sacramento da Confirmação, é utilizado o Santo Crisma (uma mistura de óleo de oliva e bálsamo ou perfume), que simboliza o Espírito Santo com o qual Jesus foi consagrado para sua missão. A unção com o Crisma, feita pelo bispo, na Confirmação, significa que os cristãos são pessoas "ungidas", associadas a Cristo para continuar sua missão.

Conclusão: O catequista poderá passar com o pote com o óleo do Santo Crisma para que todos possam cheirar e sentir o perfume do bálsamo ou perfumes misturados ao óleo, dizendo que como cristãos devemos ser os ungidos do Senhor, levando adiante sua missão deixa a cada um de nós, levando o perfume e o bom odor ao mundo. O catequista não deverá dar o Santo Crisma nas mãos dos catequizandos, recordando que é o único óleo que é "consagrado", os demais são apenas "abençoados".

Oração final: Ao redor da Mesa da Palavra, o catequista motiva os catequizandos a formularem orações e preces pedindo pelos cristãos missionários espalhados pelo mundo. O catequista convida a todos a rezarem o Pai-Nosso e conclui com a oração:

> *Deus Pai de bondade que nos chamastes para fazer com que o teu Reino se tornasse realidade no meio da humanidade, faça com que tenhamos força e coragem para sermos o perfume de que o mundo tanto necessita. Por Cristo, Senhor nosso. Amém.*

No final da oração, o catequista impõe as mãos sobre a cabeça de cada catequizando e lhes traça o sinal da cruz em sua fronte dizendo:

> "....N...., seja perfume para sociedade, vai em paz e que Jesus te acompanhe! Amém".

MATERIAL DE APOIO

- Aprofundar o tema nos parágrafos 1293 a 1321 do *Catecismo da Igreja Católica (CIC)*.

12º Encontro

O Sacramento da Eucaristia

Palavra inicial: Neste encontro, iremos começar a meditar sobre o Sacramento da Eucaristia, fonte e ápice da vida em comunidade.

Preparando o ambiente: Ambão com toalha da cor do tempo litúrgico, Bíblia, vela, flores e cartaz com a imagem do sacrifício de Isaac.

Acolhida: O catequista acolhe os catequizandos com a frase: "...N... *Cristo nos alimenta com a Eucaristia!*". Quando já estiverem na sala, saúda a todos mais uma vez, desejando-lhes boas-vindas.

Recordação da vida: Ao redor da Mesa da Partilha, ou em pé ao redor da Mesa da Palavra, o catequista poderá perguntar sobre o encontro anterior. Poderão destacar, ainda, os acontecimentos importantes que possam ter ocorrido na vida da comunidade.

NA MESA DA PALAVRA

Oração inicial: O catequista motiva a oração valorizando todas as coisas ditas na recordação da vida e invoca o Espírito Santo cantando ou rezando.

O catequista convida o catequizando escalado para se dirigir até o ambão e proclamar o texto indicado.

Leitura do texto bíblico: Gn 22,1-19.

Em seguida, após uns minutos de silêncio, o catequista lê-o novamente, desta vez pausadamente, destacando alguns pontos do texto.

> *"...E Deus disse: 'Toma teu único filho Isaac a quem tanto amas [...] e o oferece-o ali em holocausto [...] Mas o anjo do SENHOR gritou-lhe dos céus: 'Abraão! Abraão!' Ele respondeu: 'Aqui estou!' E o anjo disse: 'Não estendas a mão contra o menino e não lhe faças mal algum. [...] Abraão ergueu os olhos e viu um carneiro preso pelos chifres num espinheiro. Pegou o carneiro e ofereceu-o em holocausto em lugar do filho..."*

Após a leitura, todos se dirigem para a Mesa da Partilha.

NA MESA DA PARTILHA

Reconstruir com os catequizandos o texto bíblico. Depois pedir para abrir suas Bíblias na passagem proclamada na Mesa da Palavra, e convidá-los a uma leitura silenciosa, observando algum detalhe não comentado na reconstrução do texto. Se houver algo, todos podem partilhar.

Depois o catequista contextualiza o texto dizendo que Abraão foi escolhido para formar um povo, uma nova raça: "E, conduzindo-o para fora, disse-lhe: "Olha para o céu e conta as estrelas, se fores capaz! E acrescentou Assim será tua descendência" (Gn 15,5). Deus começava a colocar em prática seu plano para salvar a humanidade da morte do pecado. Deus começa a se revelar ao homem, a prepará-lo para o dia que definitivamente iria salvar a todos.

Abraão teve fé e acreditou na promessa de Deus e pôs-se a caminhar até a terra onde Deus o conduziu. O tempo foi passando e Abraão e sua esposa Sara foram ficando velhos, foram perdendo a esperança em terem descendentes. Deus então fala a Abraão que a promessa irá se cumprir e em um ano Sara conceberá e dará a luz a um menino, o qual será chamado de Isaac. Abraão e Sara não acreditavam mais que isto seria possível.

Um ano depois a promessa se cumpre. Isaac nasce! Após alguns anos, Deus fala novamente a Abraão, e desta vez, para pô-lo a prova, pede que sacrifique Isaac por amor a Ele, como na passagem que ouvimos hoje. Abraão põe-se a caminho e no alto do monte prepara o holocausto, que significa "queimar por inteiro". Além de matar, colocava-se fogo, para a oferenda subir até Deus. Abraão amarra o filho e ao levantar a faca, aparece o anjo do Senhor que diz para não fazer aquilo, pois Deus sabia que Ele o amava a ponto de sacrificar o filho, que era a coisa que mais ele amava.

O catequista poderá perguntar aos catequizandos se tem alguma coisa que eles amam muito e se teriam coragem de renunciar por causa de Deus. O catequista os escuta e depois diz que Abraão na verdade tinha escutado a voz de sua própria consciência, pedindo que sacrificasse Isaac, pois Abraão havia desacreditado que Deus poderia lhe dar um filho, mesmo na velhice. Deus mostra a Abraão que Ele é o Deus do impossível e onde não há vida, Deus pode fazer nascer. Deus não quer o mal e a morte de ninguém, por isso intervém e resgata Isaac da morte.

Com a intervenção de Deus, através do anjo, surge o RESGATE, Deus que resgata Isaac e providencia um cordeiro para que fosse sacrificado em seu lugar. Deus permitiu que Abraão seguisse até levantar a faca para poder curá-lo. Para que a culpa de não ter acreditado não o acusasse mais.

Isaac era o primeiro filho de Abraão e Sara, e por isto um costume se formou na época. Sempre que uma criança do sexo masculino nascesse e fosse o primeiro filho, o casal deveria oferecer um holocausto a Deus, uma oferenda consagrando o filho. Este costume se perpetuou por séculos. José e Maria ofereceram dois pombos no templo quando apresentaram Jesus, que era o primeiro filho e do sexo masculino.

Hoje este costume não existe mais, e podemos perguntar o por quê?

A resposta nos vem quando olhamos na cruz e enxergamos Jesus Crucificado e entendemos que Ele é o cumprimento do projeto começado por Deus em Abraão para salvar toda a humanidade. Para RESGATAR a humanidade da morte do pecado, Deus sacrifica seu filho em nosso lugar. Cristo se torna o cordeiro que tira o pecado do mundo. Assim como fez com Isaac, Deus providencia o próprio filho para nos salvar.

Por isso, na Santa Missa o padre diz: "Eis o cordeiro de Deus que tira o pecado do mundo" (Jo 1,29).

Conclusão: Celebrar a Eucaristia é celebrar a encarnação, morte e ressurreição de Jesus. É fazer memória de todo projeto que Deus tem para salvar o homem. Em Jesus, Deus se manifesta plenamente ao homem, como um Deus misericordioso, que sacrifica o próprio filho por amor a nós.

O catequista incentiva os catequizandos a participarem da Celebração Eucarística e a prestarem bastante atenção em todos os ritos.

Oração final: O catequista convida os catequizandos a ficarem em pé ao redor da Mesa da Palavra e fazerem preces e louvores. Reza o Pai-Nosso e conclui com a oração:

> *"Pai, que desde o princípio tinha um projeto de salvação para a humanidade e que por amor sacrificou o próprio Filho para nos salvar. Te pedimos que um dia possamos renunciar a própria vida pela construção do Reino. Por Cristo, nosso Senhor. Amém.*

No final da oração, o catequista impõe as mãos sobre a cabeça de cada catequizando e traça o sinal da cruz em sua fronte dizendo:

> *"Cumpri sempre a vontade do Pai, N... Vai em paz e que Senhor te acompanhe!".*

MATERIAL DE APOIO
- Aprofundar o tema nos parágrafos 1322 a 1336 do Catecismo da Igreja Católica (CIC).

A instituição da Eucaristia

Palavra inicial: Prezados catequistas, neste encontro iremos falar da Eucaristia como garantia do amor, deixada por Jesus. A Eucaristia como memória da sua morte e ressurreição.

Preparando o ambiente: Ambão com toalha da cor do tempo litúrgico, Bíblia, flores, vela e imagem ou quadro da Última Ceia.

Acolhida: O catequista acolhe os catequizandos, saudando-os com a frase: *"Jesus é nosso alimento ...N..., seja bem-vindo!"*

Recordação da vida: Quando todos estiverem na sala do encontro, o catequista convida-os para se colocarem ao redor da Mesa da Partilha, ou em pé ao redor da Mesa da Palavra, onde trarão presente fatos e acontecimentos que marcaram a semana e a vida da comunidade.

NA MESA DA PALAVRA

Oração inicial: O catequista conduz a oração de maneira bem espontânea, podendo rezar pedindo o Espírito Santo.

O catequista convida a todos a cantar aclamando o Santo Evangelho. Em seguida, o catequizando dirige-se até o ambão, de onde proclama o texto bíblico.

Leitura do texto bíblico: Lc 22,7-20.

Depois de um momento de silêncio, o catequista lê o texto novamente, bem devagar, destacando alguns pontos.

 "...Jesus se pôs à mesa com os apóstolos [...] tomando um pão, deu graças, partiu-o e deu-lhes dizendo: 'Isto é meu corpo, que é dado por vós. Fazei isto em memória de mim'. Do mesmo modo, depois de haver ceado, tomou o cálice, dizendo: 'Este cálice é a nova aliança em meu sangue derramado por vós."

Todos se dirigem para a Mesa da Partilha.

NA MESA DA PARTILHA

Reconstruir com os catequizandos o texto bíblico. Depois pedir para abrir suas Bíblias na passagem proclamada na Mesa da Palavra, e convidá-los a uma leitura silenciosa, observando algum detalhe não comentado na reconstrução do texto. Se houver algo, todos podem partilhar.

O catequista reflete com os catequizandos dizendo que Jesus, sabendo que estava chegando a sua hora de voltar para junto do Pai, de cumprir a sua missão, reúne os discípulos ao redor da mesa e ali institui a Eucaristia como memória de sua morte e de sua ressurreição.

Jesus antecipa a sua morte, aceita-a no seu íntimo e transforma-a numa ação de amor. A refeição, a ceia, que a princípio era a celebração da Páscoa judaica, onde o povo judeu celebrava a libertação da escravidão do Egito, a passagem a pé enxuto do Mar Vermelho da terra da escravidão para a terra prometida, agora toma um novo significado, um nosso sentido: Cristo que passa da morte para a vida, e liberta toda a humanidade da escravidão do pecado. Cristo quebra as portas da morte!

A refeição da ceia pascal se torna a "Última Ceia", onde Cristo institui a Eucaristia, ao fazer do pão o seu corpo e do vinho o seu sangue. Com o rito de tomar o pão e o vinho, dar graças, partir e repartir, Jesus se perpetua entre os seus discípulos e os faz participantes de sua Páscoa = passagem (da morte para a vida).

A Eucaristia é, portanto, o memorial da morte e ressurreição do Senhor sob o sinal do pão e do vinho dados em refeição, em ação de graças e súplica. Mas o que é memória? Apenas recordar, lembrar? Muito mais que isto, é atualizar. E estar presente hoje aos pés da cruz, é estar hoje no sepulcro vazio. Fazer memória é quebrar a lógica do tempo e do espaço, e vivenciar o único e eterno sacrifício que se realiza no hoje de nossa história, a cada Celebração Eucarística. "'Para o Senhor, um dia é como mil anos, e mil anos como um dia" (2Pd 3,8).

A Última Ceia torna-se sinal profético da morte e ressurreição de Jesus. Por isso, ao celebrarmos a Eucaristia, não recordamos a Última Ceia, mas fazemos memória da paixão, morte e ressurreição de Jesus. "Eis o mistério da fé!": "Anunciamos, Senhor, a vossa morte e proclamamos a vossa ressurreição. Vinde Senhor Jesus!".

Cada Celebração Eucarística, além de fazer memória da Páscoa de Cristo, é também antecipação da ceia que o Senhor celebrará com os redimidos no fim dos dias.

Conclusão: A cada Missa, cumprimos o que Jesus mandou: "Fazei isto em memória de mim" (Lc 22,19). Cristo, portanto, instituiu a Eucaristia, e se dá em alimento a cada um de nós.

A Celebração Eucarística é o momento ápice onde se encontram todos os cristãos, com os diversos serviços e ministérios, e é também a fonte que os alimenta e os envia constantemente em missão.

Oração final: O catequista convida os catequizandos a ficarem em pé ao redor da Mesa da Palavra e os incentiva a formularem orações e preces. Poderá rezar o Pai-Nosso e concluir com a oração:

Senhor Deus, que a Eucaristia seja o centro de nossas vidas, e o alimento da nossa fé. Que possamos, com este alimento, ser verdadeiras testemunhas e construtores do teu Reino. Por Cristo, nosso Senhor. Amém

No final da oração, o catequista impõe as mãos sobre a cabeça de cada catequizando e traça o sinal da cruz em sua fronte dizendo:

"Cristo está contigo ...N... vai em paz, que o Senhor te acompanhe! Amém".

Observação

No próximo encontro, propõe-se que seja feito um momento de adoração ao Santíssimo Sacramento, refletindo com os catequizandos sobre a presença real de Jesus na Eucaristia e que esta presença continua nas espécies eucarísticas após a celebração.
Se possível, organizar este momento de adoração na Igreja ou capela do Santíssimo.
Orientar os catequizandos sobre o horário e o local.

MATERIAL DE APOIO

- Aprofundar o tema nos parágrafos 1337 a 1347 do Catecismo da Igreja Católica (CIC).

14° Encontro

Adoração ao Santíssimo Sacramento

Palavra inicial: Queremos proporcionar aos nossos catequizandos um breve momento de oração e adoração a Jesus Sacramentado. Os pais, padrinhos de batismo, ministros extraordinários da comunhão e toda a comunidade poderá ser convidada a participar.

Preparando o ambiente: Providenciar todo material necessário para adoração: ostensório, velas, véu de ombros (se houver presbítero ou diácono para bênção), Bíblia etc.

Distribuindo funções: Seria importante também dividir algumas funções com antecedência:

- Animador;
- presidente: o padre ou um diácono (na ausência, o padre poderá autorizar um ministro para expor o santíssimo);
- pessoa para proclamar a leitura bíblica;
- pessoa para cantar o salmo;
- pessoa para fazer a oração da assembleia;
- cantores;
- ministros para acolhida.

Preparando a celebração: Com a ajuda da equipe de liturgia, o catequista poderá preparar o momento de adoração, como no esquema proposto na sequência ou de acordo com o costume da comunidade. Lembrar que os momentos de silêncio são por excelência a melhor maneira de adorar a Jesus.

a. **Refrão meditativo -** Cantado à medida que os participantes forem chegando, para criar um clima de oração e favorecendo o silêncio.

b. **Breve acolhida dos catequizandos, pais e comunidade.**

c. **Canto para exposição do Santíssimo Sacramento.**

d. **Motivação** – pequeno comentário situando a importância e significado deste momento de oração e adoração.

e. **Momento de recordação da vida.**

f. **Leitura do texto bíblico.**

g. **Canto de um Salmo.**

h. **Reflexão.**

i. **Silêncio para a adoração e a oração pessoal.**

j. **Preces.**

k. **Bênção eucarística** (somente se for o padre ou diácono).

l. **Canto de reposição.**

No final poderá ser distribuída uma lembrancinha com um versículo do texto bíblico refletido durante o momento de adoração.

15º Encontro

Sacramentos da Iniciação Cristã

Palavra inicial: Neste encontro, queremos fazer uma revisão de todo conteúdo refletido sobre os Sacramentos da Iniciação Cristã.

Preparando o ambiente: Ambão com toalha da cor do tempo litúrgico, Bíblia, vela e flores. Na Mesa da Partilha os símbolos e sinais usados nas celebrações dos três Sacramentos (Batismo, Confirmação e Eucaristia).

Acolhida: O catequista acolhe os catequizandos saudando-os com a frase: *"Progridamos no seguimento de Cristo ...N..., seja bem-vindo!"*

Recordação da vida: Quando todos estiverem na sala de encontro, colocam-se ao redor da Mesa da Partilha, ou em pé ao redor da Mesa da Palavra, em clima de oração, e o catequista os motiva a recordar fatos e acontecimentos que marcaram a semana.

NA MESA DA PALAVRA

Oração inicial: O catequista conduz a oração invocando o Espírito Santo, rezando ou cantando.

Um catequizando aproxima-se do ambão e proclama o texto indicado. Antes, porém, o catequista poderá convidar a todos para cantar aclamando o santo Evangelho.

Leitura do texto bíblico: Mt 7,24-27.

Depois de um momento de silêncio, o catequista lê o texto novamente, bem devagar, destacando alguns pontos.

> *"...todo aquele que ouve estas minhas palavras, e as põe em prática, será como um homem prudente que construiu sua casa sobre a rocha..."*

Todos se dirigem para a Mesa da Partilha.

NA MESA DA PARTILHA

Reconstruir com os catequizandos o texto bíblico. Depois, pedir para abrir suas Bíblias na passagem proclamada na Mesa da Palavra, e os convidar a uma leitura silenciosa, observando algum detalhe não comentado na reconstrução do texto. Se houver algo, todos podem partilhar.

O catequista poderá questioná-los: Que palavras são estas que devemos ouvir? O que uma casa precisa para não cair? O que precisamos para manter nossa fé, para que ela não se abale com as dificuldades encontradas ao longo da vida?

Após a reconstrução do texto bíblico, refletir com os catequizandos que assim como uma casa ao começar a ser construída, precisa primeiramente de alicerces para que ela não caia depois de pronta, assim também acontece com a nossa vida de cristãos. Quando somos iniciados na fé (batizados), renunciamos o mal e o pecado e nos tornamos filhos de Deus, iluminados. A nossa luz vem do Cristo, Ele é a fonte de toda a nossa vida, ele é o nosso alicerce. Com os Sacramentos da Iniciação, fazemos uma caminhada de conhecimento, aprofundamento e amadurecimento da fé e somos, também, constantemente tentados a desistir, a abandonar o Caminho, que é o próprio Jesus. Muitos ventos sopram e soprarão contra nós ao longo de nossa vida, mas se o alicerce é bem feito, nada vai abalar nossa fé. A Palavra lida hoje nos exorta a permanecermos firmes, dando testemunho da verdadeira luz que nos ilumina e nos dá a vida.

O catequista poderá então fazer um momento de recordação e revisão, verificando com os catequizandos o que cada um lembra, e o que mais os marcou sobre cada Sacramento: Batismo, Confirmação e Eucaristia.

Poderá apresentar os símbolos e sinais, perguntando o que cada um representa na vida do cristão.

Este é um momento importante para se ter um feedback de como esta sendo a assimilação dos conteúdos por parte dos catequizandos.

Conclusão: Reunindo todas as contribuições dos catequizandos, o catequista conclui dizendo que os Sacramentos da Iniciação Cristã são o momento em que lançamos os fundamentos da fé cristã. Assim como uma casa ou um prédio precisa de alicerces sólidos, para que quando vier a chuva e as tempestades ela não caia, assim precisamos fazer uma caminhada sólida, aos recebermos os Sacramentos da Iniciação Cristã, para que a nossa fé não seja abalada quando vierem os problemas, ou quando quiserem nos enganar com falsas doutrinas.

Os homens, "renascidos pelo Batismo, são fortalecidos pelo sacramento do Crisma e depois nutridos com o alimento da vida eterna na Eucaristia" (CIC 1212).

Oração final: O catequista convida os catequizandos a ficarem em pé ao redor da Mesa da Palavra e de mãos dadas, em sinal de unidade, rezam o Pai-Nosso e conclui com a oração:

> *Senhor, Pai Santo, que nos deixastes os Sacramentos do Batismo, Confirmação e Eucaristia, onde são lançados os fundamentos de toda vida cristã, fazei que possamos percorrê-los com coragem e seriedade, para que nada possa abalar a nossa fé ao longo de nossa vida. Por Cristo, nosso Senhor. Amém.*

No final da oração, o catequista impõe as mãos sobre a cabeça de cada catequizando e traça o sinal da cruz em sua fronte dizendo:

> "A vossa rocha é Cristo ...N... vai em paz, que Ele te acompanhe! Amém.".

16° Encontro
O Sacramento da Penitência e da Reconciliação

Palavra inicial: Nesse encontro queremos retomar o que já foi dito na 3ª. Etapa sobre o Sacramento da Penitência, reforçando e incentivando os catequizandos a prática da confissão.

Preparando o ambiente: Ambão com toalha da cor do tempo litúrgico, Bíblia, vela, uma gaiola de pássaros e recortes de revistas que mostram pássaros livres.

Acolhida: O catequista acolhe os catequizandos, saudando-os com a frase: *"Cristo nos liberta ...N..., seja bem-vindo!"* e os conduz para dentro da sala. Quando já estiverem na sala, saúda a todos mais uma vez, desejando-lhes boas-vindas.

Recordação da vida: Ao redor da Mesa da Partilha, ou em pé ao redor da Mesa da Palavra, farão uma retrospectiva da semana, e o catequista poderá perguntar sobre o encontro anterior, pedindo para que partilhem o que cada um teve de experiência. Poderão destacar, ainda, os acontecimentos importantes que possam ter ocorrido na vida da comunidade.

NA MESA DA PALAVRA

Oração inicial: O catequista motiva a invocar o Espírito Santo, rezando ou cantando e conclui com uma oração espontânea.

Um catequizando dirige-se até o ambão, de onde proclama o texto bíblico.

Leitura do texto bíblico: 2Cor 5,18-21.

Depois de um momento de silêncio, o catequista lê o texto novamente, bem devagar, destacando alguns pontos.

> *"Tudo isso vem de Deus, que nos reconciliou consigo por Cristo e nos confiou o ministério da reconciliação...".*

Todos se dirigem para a Mesa da Partilha.

NA MESA DA PARTILHA

Reconstruir o texto bíblico com os catequizandos. Depois pedir para abrirem suas Bíblias na passagem proclamada e os convida a uma leitura silenciosa. O catequista poderá questioná-los sobre o que é "reconciliação" e o que precisamos fazer para nos reconciliar.

O catequista, aproveitando todas as contribuições, diz que só precisamos nos reconciliar quando nos distanciamos de alguém por algum motivo, seja por briga, por falar mal de alguém, por contar mentiras, esquecimentos... Constantemente cometemos erros, machucamos e magoamos pessoas que amamos, principalmente a Deus, que nos criou e nos modelou com amor materno.

Infelizmente, costumamos abandonar a Deus por muitas coisas: festas, jogos, casa de amigos, televisão e internet, preguiça, viagens... Colocamos muitas coisas em primeiro lugar e costumamos deixar Deus e a sua Igreja em segundo plano.

O catequista poderá pedir para que olhem a gaiola de pássaros e digam para que serve. Depois dizer que ali prendemos animais que nasceram para ser livres. Assim como os pássaros são presos, nós também somos presos pelo pecado. Os pássaros livres são muito mais felizes, pois não nasceram para ficar presos. E nós também, ao nos confessarmos e nos reconciliarmos com Deus, nos tornamos mais felizes, pois Cristo morreu na cruz para libertar a todos nós.

Deus, por amor, sempre olha com misericórdia para o homem, e sempre está aberto a dar uma nova chance a ele. Deus, para salvar o homem do pecado, entregou seu próprio filho, Jesus, para morrer numa cruz. Deus, por Jesus Cristo, nos reconciliou consigo e nos chama constantemente ao arrependimento.

O Sacramento da Penitência, deixado por Jesus à Igreja, é uma maneira que temos de nos reconciliar com Deus, com o mundo e comigo mesmo, como já vimos na terceira etapa, quando fomos convidados a nos "confessar" pela primeira vez.

Ao participar deste sacramento, podemos tomar o rumo certo, nos colocar de volta no caminho e busca de Deus, antes desviados pelo pecado. Ao celebrar a Penitência, participamos de dois grandes momentos:

- **O primeiro momento** - consiste em olhar nossos "atos", enquanto seres humanos, frágeis e humildes. Recebemos a oportunidade de, sobre a ação do Espírito Santo, nos arrependermos de nossas falhas, de fazer nossa contrição. Assim pudemos expressar nosso arrependimento ao padre ao confessarmos nossos pecados. A **confissão** constitui uma parte essencial do rito, onde a luz da misericórdia de Deus, de forma bem concreta, atua em nossa vida quando confessamos tudo o que tem nos desviado do Senhor. Depois, vem a **satisfação**, onde aceitamos humildemente a sugestão dada pelo confessor, de reparar o dano causado e corrigir-se (conhecido como penitência, que nada tem a ver com "castigo"). Colocá-la em prática, simboliza nossa disposição de mudar.

- **O segundo momento** – conduz a compreender que depois dos "atos" do homem, vem os "atos" da Igreja: **oração e absolvição**. Toda a Igreja reza pelos pecadores. A oração feita pelo ministro, que impondo as mãos profere a fórmula, é símbolo da transmissão do Espírito Santo para o perdão dos pecados.

Assim, podemos dizer que o rito da Penitência é marcado pelo arrependimento (contrição ou conversão), confissão e satisfação por parte do penitente e a oração e a absolvição por meio da Igreja.

Aos três atos do penitente foram acrescidos ao longo da tradição da Igreja outras duas pratica: O **exame de consciência e o ato de contrição**.

1. **Exame de consciência:** É um exercício pelo qual o catequizando irá recordar, à luz da Palavra de Deus, as atitudes e ações que possam ter causado uma ruptura com Deus, com os irmãos e irmãs, com a natureza e consigo mesmo.

2. **Ato de contrição:** Ao longo dos anos, criou-se o costume de expressar o próprio arrependimento através do "ato de contrição". Muitas fórmulas foram criadas, entretanto o melhor ato de contrição é aquele que sai do fundo do coração, fruto da intimidade com Deus.

Atividade: O catequista poderá perguntar aos catequizandos se eles tiveram dificuldade em falar para o padre os seus pecados. Se não sabiam o que confessar. Depois de ouvi-los, poderá propor um momento de "exame de consciência", onde poderão aprender a melhor se preparar para as próximas confissões.

O catequista poderá convidá-los a fechar os olhos e em silêncio meditarem. O catequista conduzirá o exame de consciência, com delicadeza ensinando-os a reconhecerem as próprias faltas, fraquezas e imperfeições para delas pedir perdão. O catequista deverá ter cuidado com formulários prontos, onde há uma lista de pecados elencados, principalmente quando estes foram pensados para adultos. O costume de "escrever os pecados", deve ser evitado, pois se trata de um recurso extremo. A base para o exame de consciência, poderá ser os esquemas propostos pelo Ritual da Penitência, porém adaptados a realidade dos catequizandos para ajudá-los a melhor confessar-se.

Depois deste momento, os catequizandos poderão ser incentivados a escrever em poucas palavras um "ato de contrição". Uma oração dirigida a Deus Pai misericordioso. O Ritual da Penitência apresenta dez fórmulas, que poderão servir de inspiração para os catequizandos.

Conclusão: O catequista poderá incentivar os catequizandos a sempre no final do dia, quando já estiverem deitados para dormir, a fazerem um pequeno exame de consciência, revendo todo o seu dia, e examinado o que foi bom e o que poderia ter sido melhor. Eu tratei alguém mal? Respondi para minha mãe? Deixei de fazer o dever de casa? Depois, com a ajuda de Deus, propor-se no outro dia a corrigir estas falhas. A cada abrir dos olhos ao acordamos é uma nova chance que Deus nos dá de sermos melhores. Nossa caminhada neste mundo é um amadurecer-se, é converter-se sempre, para um dia, alcançarmos o Reino de Deus.

Lembrar ainda que o Sacramento da Penitência deve fazer parte de nossa caminhada de fé, aproximando-se deste sacramento sempre que for necessário, de modo especial para nos preparar para as grandes solenidades do Natal e da Páscoa.

Oração Final: Ao redor da Mesa da Palavra, o catequista motiva os catequizandos a formularem preces e orações. Poderá encerrar com o Pai-Nosso e com a oração:

> *Senhor nosso Deus, que cuida de cada um de nós com carinho de Pai e nos exorta a conversão. Que possamos reconhecer sempre nossas faltas e nos reconciliar contigo. Por Cristo, nosso Senhor. Amém.*

No final da oração, o catequista impõe as mãos sobre a cabeça de cada catequizando e traça o sinal da cruz em sua fronte dizendo:

> *"...N... reconciliai-vos com Deus, vai em paz, que o Senhor te acompanhe! Amém."*

MATERIAL DE APOIO

- Aprofundar o tema nos parágrafos 2828 a 2837 do Catecismo da Igreja Católica (CIC).
- Estudos da CNBB, 96. Deixar-vos Reconciliar. Brasília: Edições CNBB, 2008. (Aprofundar a leitura principalmente dos capítulos II e III).
- Ritual da Penitência. São Paulo: Paulus, 1999. (Apêndice III – Esquemas para Exames de Consciência p. 242 a 245; n. 45 – Oração do penitente, p. 35 e 36).

17º Encontro

O Sacramento da Unção dos Enfermos

Palavra inicial: Prezado catequista, neste encontro iremos refletir sobre o segundo Sacramento de cura: a Unção dos Enfermos.

Preparando o ambiente: Ambão com toalha da cor do tempo litúrgico, vela, Bíblia e óleo dos enfermos.

Acolhida: O catequista acolhe os catequizandos saudando-os carinhosamente com a frase: "*Jesus é o médico que cura nosso alma e corpo ...N..., seja bem-vindo!*". Quando já estiverem na sala do encontro, convide-os a se colocarem ao redor da Mesa da Partilha ou de pé ao redor da Mesa da Palavra, em clima de oração para a recordação da vida e oração inicial.

Recordação da vida: Neste momento, recordar fatos e acontecimentos que marcaram a vida dos catequizandos e da comunidade.

NA MESA DA PALAVRA

Oração inicial: O catequista, reunindo todos os acontecimentos da recordação da vida, motiva a oração invocando o Espírito Santo.

Um catequizando dirige-se até o ambão, de onde proclama o texto bíblico.

Leitura do texto bíblico: Tg 5,13-16.

Depois de um momento de silêncio, o catequista lê o texto novamente, bem devagar, destacando alguns pontos.

> "*...Alguém entre vós está enfermo? Mande chamar os presbíteros da Igreja, para que orem sobre ele, ungindo-o com óleo no nome do Senhor... ".*

Todos se dirigem para a Mesa da Partilha.

NA MESA DA PARTILHA

O catequista estimula os catequizandos a falarem o que entenderam do texto. Depois pedir aos catequizandos para abrirem suas Bíblias na passagem proclamada na Mesa da Palavra, e os convida a uma leitura silenciosa, observando algum detalhe não comentado na reconstrução do texto.

O catequista poderá dizer que a doença e o sofrimento sempre marcaram a caminhada da humanidade. Na enfermidade o homem experimenta sua impotência, suas misérias e limites. Na doença, descobre-se a fragilidade do ser humano.

A doença que traz dor e sofrimento pode deixar o enfermo angustiado, desesperado e revoltado contra Deus. Mas também pode ser um tempo oportuno de conversão, de mudança de vida. Tempo de amadurecer e discernir o que é supérfluo em sua vida e do que realmente é essencial. A doença, em muitos casos, provoca uma busca de Deus e um retorno a Ele.

Cristo, em toda a sua caminhada, teve um olhar especial pelos doentes. Suas numerosas curas são sinal de que Deus não abandona seu povo. Jesus não só tem o poder de curar, mas também de perdoar os pecados. Jesus, na sua infinita misericórdia, veio curar o homem inteiro: alma e corpo.

Jesus, comovido com tantos sofrimentos do seu povo, não apenas deixa-se tocar como pode ser visto em inúmeras passagens do Evangelho, mas também assume suas misérias. "Ele levou nossas enfermidades e assumiu nossas doenças" (Mt,817).

Diante da dor e do sofrimento pela enfermidade, Jesus deixa à Igreja a missão de "curar os Doentes" (Mt 10,8). A Igreja esforça-se em cumprir essa missão e tem no Rito do Sacramento da "Unção dos Enfermos" a certeza de confortar aqueles que são provados pela enfermidade.

A Unção dos Enfermos é, portanto, um dos sete sacramentos da Igreja instituídos por Cristo. Como vimos na leitura da carta de Tiago, ele exorta a comunidade a recorrer aos presbíteros (padres e bispos), para o auxílio aos enfermos. A oração, a unção com o óleo, e o perdão dos pecados estão na base deste Sacramento.

O catequista poderá perguntar aos catequizandos se eles conhecem alguém que está doente, ou bem velhinho. Sabem o que cada um tem. Se já foram visitar. Se conversam com eles e lhes dão atenção.

Poderá perguntar também se eles já participaram de alguma celebração da Unção dos Enfermos. Após a resposta, poderá propor aos catequizandos que na próxima semana o encontro seja substituído por uma visita a um enfermo, onde o padre fará a Unção dos Enfermos (ver orientações do próximo encontro).

Conclusão: O catequista conclui dizendo que o Sacramento da Unção dos Enfermos tem por finalidade conferir uma graça especial ao cristão que está passando pelas dificuldades da doença ou da velhice. Todos nós cristãos temos por missão cuidar e zelar por estas pessoas, com nossa oração, visita e apoio nas diversas necessidades.

Oração final: O catequista convida os catequizandos a ficarem em pé ao redor da Mesa da Palavra para a oração final. O catequista incentiva os catequizandos a formularem pedidos e preces de modo especial pelos doentes e idosos. Pode-se rezar o Pai-Nosso e concluir com a oração:

Ó Deus, fonte de toda a vida, queremos a exemplo do teu Filho Jesus e da nossa Igreja ter um especial olhar pelos enfermos, idosos e abandonados. Queremos verdadeiramente exercer nossa compaixão, auxiliando e atendendo neste momento de dor e sofrimento. Por Cristo, nosso Senhor. Amém.

No final da oração, o catequista impõe as mãos sobre a cabeça de cada catequizando e traça o sinal da cruz em sua fronte dizendo:

"Orai pelos doentes ...N..., vai em paz, que o Senhor te acompanhe!".

Sugestão

Propõe-se que no próximo encontro, seja feita a visita a alguns enfermos e pessoas idosas que são assistidas pela paróquia, para que os catequizandos participem da celebração do Sacramento da Unção dos Enfermos. Sendo assim, verificar com antecedência a disponibilidade do padre e escolher previamente cada pessoa a ser visitada, comunicar a presença e participação de alguns catequizandos. A turma poderá ser dividida em grupos de 4 ou 5 catequizandos, favorecendo a locomoção e melhor acolhida dos catequizandos na residência do enfermo ou idoso. Comunicar dia, hora e local de encontro, lembrando que a visita substituirá o encontro de catequese da próxima semana.

MATERIAL DE APOIO

- Aprofundar o tema nos parágrafos 1499 a 1532 do Catecismo da Igreja Católica (CIC).
- Ritual da Unção dos Enfermos e sua assistência Pastoral. São Paulo: Paulus, 2000 (ler a introdução e o rito comum ou em perigo de morte iminente).

18° Encontro

Ao encontro do Cristo que sofre

Palavra inicial: Com a visita, queremos que os catequizandos presenciem as dificuldades e as dores dos enfermos e fragilidade das pessoas idosas, para que possam fazer a experiência da compaixão e refletirem sobre suas vidas e projetos futuros, bem como respeitarem e valorizarem a história dos idosos.

Preparando o ambiente: Organizar juntamente com o padre e alguns ministros da comunhão a visita e celebração, levando em conta as condições do enfermo ou idoso. Bíblia para a leitura do texto bíblico, Ritual da Unção dos Enfermos, óleo dos enfermos e tudo mais necessário para a celebração.

Orientações para a visita:

- Escolher previamente cada pessoa a ser visitada;
- dividir em grupos de 4 ou 5 catequizandos;
- comunicar dia, horário e local onde deverão se encontrar;
- antes da visita, orientá-los para não fazerem perguntas, considerando as situações de cada pessoa, apenas se apresentarem e participarem da celebração expressando nossa solidariedade e oração confiante;
- prepará-los para as condições de saúde que o enfermo possa se encontrar: impossibilitado de andar, falar etc.
- pedir para que prestem atenção em cada rito realizado e em cada palavra proferida pelo padre;
- ao final, se despedirem do enfermo e da família;
- na Igreja ou capela, antes de dispensar os catequizandos, rezar com eles agradecendo a oportunidade de visitar um irmão (a) que sofre e agradecendo a Deus pela saúde que cada um tem.

19º Encontro

Mistagogia da Unção dos Enfermos

Palavra inicial: Amados catequistas, neste encontro queremos que os catequizandos partilhem como foi poder visitar e participar da celebração e Unção dos Enfermos. Além disso, queremos aprofundar o significado de cada rito do Sacramento da Unção dos Enfermos.

Preparando o ambiente: Ambão com toalha da cor do tempo litúrgico, vela e flores. Pedaços de papel com nome de pessoas doentes e idosas da comunidade para serem distribuídos aos catequizandos para rezarem em suas intenções durante a semana.

Acolhida: O catequista acolhe os catequizandos, saudando-os com a frase: "*Cristo sofre em cada doente ...N..., seja bem-vindo!*" e os conduz para dentro da sala. Quando já estiverem na sala, saúda a todos mais uma vez, desejando-lhes boas-vindas.

Recordação da vida: Ao redor da Mesa da Partilha, ou em pé ao redor da Mesa da Palavra, o catequista motiva os catequizandos a fazerem um momento de recordação da vida, destacando fatos e acontecimentos que marcaram a vida da comunidade.

NA MESA DA PALAVRA

Oração inicial: Após a recordação da vida, o catequista motiva a oração, de maneira bem espontânea, invocando o Espírito Santo.

O catequista convida a todos a cantar aclamando o Santo Evangelho. Em seguida, um catequizando dirige-se até o ambão, de onde proclama o texto bíblico.

Leitura do texto bíblico: Mt 25,31-40.

Depois de um momento de silêncio, o catequista lê o texto novamente, bem devagar, destacando alguns pontos.

> "*...estive [...] enfermo e me visitastes [...] todas as vezes que fizestes isso a um desses meus irmãos menores, a mim o fizestes.*"

Todos se dirigem para a Mesa da Partilha.

NA MESA DA PARTILHA

Ao redor da Mesa da Partilha, os catequizandos reconstroem o texto bíblico. Deixar que falem. Depois pedir aos catequizandos para abrirem suas Bíblias na passagem proclamada na Mesa da Palavra, e os convida a uma leitura silenciosa, observando algum detalhe não comentado na reconstrução do texto. Se houver algo, todos podem partilhar.

O catequista diz que a compaixão de Jesus pelos pobres e sofredores é tão grande que ele se identifica com cada um deles: "Estive doente e me visitastes" (Mt 25,36), como pudemos perceber no Evangelho proclamado. Ao sairmos de casa e nos dedicarmos um tempo aos doentes, pobres e sofredores, estamos fazendo ao próprio Cristo. É a face de Jesus que vemos espelhada no rosto de cada irmão: "todas as vezes que fizestes isso a um destes mais pequeninos, foi a mim que o fizestes!"(Mt 25,40).

O catequista poderá incentivar os catequizandos a partilharem como foi visitar os enfermos e idosos da comunidade e participar do Sacramento da Unção dos Enfermos. Perguntar quem eles visitaram, se era doente ou enfermo. Qual era a situação da pessoa. O que eles sentiram e por fim comentar os ritos que o padre fez durante a realização do sacramento. Deixar que falem.

O catequista depois poderá explicar o sentido de cada rito e símbolo utilizado durante a Unção.

Rito Comum ou em Perigo de Morte Iminente

I. Ritos Iniciais

Acolhida

Rito Penitencial

II. Leitura da Sagrada Escritura

Proclamação do texto bíblico

Profissão de fé

III. Sagrada Unção

Imposição das mãos

Ação de graças sobre o óleo

Rito da Unção

Pai-Nosso

Viático

IV. Ritos Finais

Oração

Bênção

A Unção dos Enfermos não é um ato mágico. O efeito salutar é atri¬buído à oração que vem da força da fé, da certeza em saber que o Senhor pode ajudar, pode aliviar as dores e curar. Da firme convicção de que Ele realmente ajudará. É sempre o próprio Jesus Cristo que cura o enfermo, e o padre é apenas um instrumento e sinal de Deus. Na Unção dos Enfermos, encontramos não só o Jesus sofredor, mas também o médico Jesus que curou os doentes.

A imposição das mãos sobre a cabeça do doente é feita em silêncio. É um gesto de proteção, abrindo um espaço em que o enfermo se sente protegido pela proximidade curadora e amorosa de Deus. Nesse espaço, o enfermo pode se confrontar com a própria verdade. Ele sabe que até mesmo em sua doença está sob a proteção de Deus, que Deus coloca sua mão protetora e amorosa sobre ele e o abriga em suas boas mãos.

Depois da imposição das mãos, o sacerdote faz uma oração de agradecimento sobre o óleo. Ele louva a Deus pela ação da cura por meio de seu filho Jesus Cristo e do Espírito Santo.

O óleo era um medicamento conhecido na antiguidade. Sobretudo, o óleo de oliva era considerado símbolo de força espiritual, porque era obtido do fruto da oliveira, uma árvore que cresce em solo árido e mesmo assim produz frutos. O óleo de oliva não é considerado apenas um medicamento, mas é símbolo de luz e de pureza. Quando os enfermos são ungidos com óleo, os ministros não agem como médicos, mas como testemunhas de Jesus Cristo. Invocam a força da bênção divina sobre os doentes.

A unção com o óleo dos enfermos é feita na fronte e nas mãos enquanto o sacerdote diz:

Por esta santa unção

e pela sua infinita misericordia,

o senhor venha em teu auxílio

com a graça do espírito santo,

R. Amém.

Para que, liberto dos teus pecados,

ele te salve

e, na sua bondade,

alivie os teus sofrimentos.

R. Amém.

Na Unção dos Enfermos, o desejo é que o enfermo vença a doença e obtenha a paz interior, que se reconcilie consigo mesmo e com sua vida, e também com sua doença, contra a qual interiormente possa ter se revoltado. Só aquele que se reconcilia pode se curar e permanecer saudável.

Conclusão: O catequista então conclui dizendo que todos nós estamos sujeitos à doença e a gozar dos limites próprios da idade. Sendo assim, devemos ser discípulos nos colocando a serviço dos enfermos e idosos, ajudando-os com nossa prece e atenção. Ao estar enfermo, pedir o quanto antes a sagrada Unção, na certeza confiante de que Cristo sofre conosco e de que Ele é o médico da nossa alma e do nosso corpo.

O catequista chama atenção dos catequizandos para os papéis com os diversos nomes dos enfermos e idosos da comunidade e os convida a rezar durante a semana por uma destas pessoas. Cada cate-quizando retira um papel e o leva para casa.

Oração final: Ao redor da Mesa da Palavra, o catequista motiva os catequizandos a formularem ora-ções e preces a Deus Pai de modo especial pelos doentes. Depois o catequista conclui com o Pai--Nosso e com a oração:

> *Deus de bondade, que conhece os limites e as dores da humanidade, ajudai-nos a enxer-gar a Sua face no rosto dos que sofrem com a solidão e a doença. Que sejamos sinais de sua presença a cada um deles. Por Cristo, nosso Senhor. Amém*

No final da oração, o catequista impõe as mãos sobre a cabeça de cada catequizando e traça o sinal da cruz em sua fronte dizendo:

> *"Jesus nos envia a curar os doentes ...N...,vai em paz, que o Senhor te acompanhe!"*.

MATERIAL DE APOIO

- Aprofundar o tema nos parágrafos 1499 a 1532 do Catecismo da Igreja Católica (CIC).
- Ritual da Unção dos Enfermos e sua assistência Pastoral. São Paulo: Paulus, 2000 (ler a introdu-ção e o rito comum ou em perigo de morte iminente).

O Sacramento da Ordem

Palavra inicial: Nesse encontro, iremos começar a refletir sobre os Sacramentos de serviço, iniciando pelo Sacramento da Ordem.

Preparando o ambiente: Ambão com toalha da cor do tempo litúrgico, Bíblia, vela, flores e estola.

Acolhida: O catequista acolhe os catequizandos saudando-os com a frase: "*Deus nos chama a servir ...N...; seja bem-vindo!*" e conduzindo-os para dentro da sala.

Recordação da vida: Ao redor da Mesa da Partilha, ou em pé ao redor da Mesa da Palavra, os catequizandos farão uma retrospectiva da semana, e o catequista poderá perguntar sobre o encontro anterior, pedindo para que lembrem quais são os Sacramentos da Iniciação Cristã e os Sacramentos de Cura. Poderão destacar ainda, os acontecimentos importantes que possam ter ocorrido na vida da comunidade.

NA MESA DA PALAVRA

Oração inicial: Colocando no coração de Deus, todos os elementos trazidos durante a recordação da vida, o catequista inicia a oração invocando o Espírito Santo e pedindo para que Deus derrame o seu amor no coração de cada catequizando e os ajude a perdoar os que o ofenderam.

Um catequizando dirige-se até o ambão, de onde proclama o texto bíblico.

Leitura do texto bíblico: Jr 1,4-9.

Depois de um momento de silêncio o catequista lê o texto novamente, bem devagar destacando alguns pontos.

> "*...Antes mesmo de formar no ventre materno, eu te conheci; antes que nascesses, eu te consagrei e te constituí profeta...*".

Todos se dirigem para a Mesa da Partilha.

NA MESA DA PARTILHA

Deixar que os catequizandos falem o que cada um entendeu sobre o texto. Depois pedir aos catequizandos para abrirem suas Bíblias na passagem proclamada na Mesa da Palavra, e os convida a uma leitura silenciosa, observando algum detalhe não comentado na reconstrução do texto.

Comentar que o texto bíblico que ouviram do profeta Jeremias reflete muito bem o sacramento que hoje iremos aprofundar: a Ordem.

Deus, ao longo dos tempos, escolheu homens para estar à frente do seu povo e conduzi-los para o Reino Eterno. Deus se manifestou em cada um deles e se revelou à humanidade como um Deus que ama, que se compadece da humanidade a ponto de enviar ao mundo seu próprio filho Jesus Cristo para nos salvar.

Jesus, o enviado do Pai, cumpriu em tudo sua missão e foi chamado de Sumo e Eterno Sacerdote. Aquele que foi o único e perfeito mediador entre Deus e os homens.

Mas o verdadeiro e único Sacerdote e pastor do rebanho, ao voltar para junto do Pai, encarrega a Igreja de continuar sua missão e presença aqui na terra. Assim, todos os batizados são chamados a participar do sacerdócio de Cristo, exercendo seu "sacerdócio batismal" por meio de sua participação, a cada qual, segundo sua própria vocação, na missão de Cristo, Sacerdote, Profeta e Rei.

No entanto, apenas algumas pessoas têm vocação e são chamadas para se dedicar exclusivamente ao serviço do Reino de Deus, junto a seu Povo, através do ensinamento, do culto divino e do governo pastoral, estes assumem o "sacerdócio ministerial" (ou hierárquico).

São homens tirados do meio do povo, e que após um período de formação, voltam para o seio das comunidades e se tornam pastores, conduzindo os fiéis até Deus. São instituídos pela Igreja através da ordenação em nome de Cristo e recebem o dom do Espírito Santo, para apascentar a Igreja com a palavra e a graça de Deus (cf. LG, n.11). São três os chamados graus do Sacramento da Ordem: diaconado (diáconos), presbiterado (padres) e episcopado (bispos), onde veremos no próximo encontro qual a função e missão de cada um na grande messe do Senhor.

O Sacramento da Ordem é conferido pela imposição das mãos feita pelo bispo, seguida de solene oração consecratória que pede a Deus a graça do Espírito Santo para que o ordinando possa exercer seu ministério, motivo pelo qual, imprime um caráter indelével, significando que o Sacramento somente pode ser conferido apenas uma única vez.

Todos os ministérios conferidos pela ordenação têm sua origem na missão de Cristo confiada a seus apóstolos e pertencem à estrutura fundamental da Igreja. Os ministérios, portanto, são parte constitutiva da verdadeira Igreja. Sem ministérios não existe Igreja.

Conclusão: O catequista poderá perguntar aos catequizandos se eles conhecem o bispo, alguns padres e diáconos. Se já pensaram em um dia seguir esta vocação. O catequista diz que no próximo encontro, iremos aprofundar um pouco mais o papel e missão de cada um dos graus da Ordem.

Oração final: O catequista convida a todos a se colocarem ao redor da Mesa da Palavra, onde os incentiva a agradecerem a Deus por todos os ministros ordenados que se dedicam ao anuncio do Evangelho e ao pastoreio das diversas comunidades. No final, poderá rezar pelas vocações e o Pai-Nosso e conclui com a oração:

> *Senhor, em um mundo marcado pelo consumismo e pelas facilidades, te louvamos por tantos homens que abandonam suas vidas e se colocam inteiramente a serviço do Evangelho. Ajudai-nos a descobrir nossa vocação. Por Cristo, nosso Senhor. Amém!*

No final da oração, o catequista impõe as mãos sobre a cabeça de cada catequizando e traça o sinal da cruz em sua fronte dizendo:

> *"...N... Deus tem um plano para você, vai em paz, que o Senhor te acompanhe! Amém.".*

MATERIAL DE APOIO

- Aprofundar o tema nos parágrafos 1536 a 1553 do Catecismo da Igreja Católica (CIC).

21° Encontro

Os três graus do Sacramento da Ordem

Palavra inicial: Neste encontro queremos refletir com nossos catequizandos os três graus do Sacramento da Ordem, qual a missão que compete a cada um.

Preparando o ambiente: Ambão com toalha da cor do tempo litúrgico, Bíblia, vela e flores. Se possível, uma estola transversal, usada pelos diáconos, uma estola horizontal utilizada pelos padres e bispos e uma mitra, própria dos bispos. Na impossibilidade, uma foto de diáconos, padres e do bispo diocesano poderá ser usada. Providenciar também cópias de uma oração vocacional para todos os catequizandos.

Acolhida: O catequista acolhe os catequizandos saudando-os carinhosamente com a frase: *"Deus nos chama e nos capacita ao seu serviço ...N..., seja bem-vindo!"*. Quando todos estiverem na sala, saúda a todos mais uma vez, desejando-lhes boas-vindas.

Recordação da vida: Após serem acolhidos, convida-os a se colocarem ao redor da Mesa da Partilha, ou em pé ao redor da Mesa da Palavra, fazer uma retrospectiva da semana, e o catequista poderá recordar o encontro anterior. Poderão destacar, ainda, os acontecimentos importantes que possam ter ocorrido na vida da comunidade.

NA MESA DA PALAVRA

Oração inicial: O catequista motiva um momento de oração, criando um clima de espiritualidade para o início do encontro e para a proclamação da Palavra. Poderá ser invocado o Espírito Santo, cantando ou rezando.

Um catequizando escalado previamente dirige-se até o ambão, de onde proclama o texto bíblico.

Leitura do texto bíblico: Hb 5,1-5.

Depois de um momento de silêncio o catequista lê o texto novamente bem devagar, destacando alguns pontos.

> *"...todo sumo sacerdote é escolhido entre os homens e constituído a favor do povo nas suas relações com Deus..."*

Todos se dirigem para a Mesa da Partilha.

NA MESA DA PARTILHA

O catequista pede para os catequizandos falarem sobre o que entenderam da passagem bíblica desse encontro. Depois pedir aos catequizandos para abrirem suas Bíblias na passagem proclamada na Mesa da Palavra, e convidá-los a uma leitura silenciosa, observando algum detalhe não comentado na reconstrução do texto. Se houver algo, todos podem partilhar.

Vamos retomar um pouco do que foi refletido no encontro passado, lembrando que todos os que são chamados ao Sacramento da Ordem, o fazem por se colocarem a serviço da Igreja, ou seja, dos fiéis. O Sacramento da Ordem é um sacramento de SERVIÇO.

Como dissemos no encontro passado, são três os graus do Sacramento da Ordem: diaconado, presbiterado e episcopado. Porém, somente existem dois graus de participação no ministério sacerdotal de Cristo: o episcopado e o presbiterado. O diácono se destina a ajudá-los e a servi-los. Então pode-se dizer que os graus de participação sacerdotal (bispos e padres) e o de serviço (diácono) são conferidos por um ato sacramental chamado "ordenação", isto é, pelo Sacramento da Ordem.

No **primeiro grau da Ordem**, o candidato recebe a ordenação diaconal. O diaconado é o primeiro grau da hierarquia na Igreja, onde lhes são impostas as mãos não para o sacerdócio, mas para o serviço. Na Antiguidade foi um ministério de muito prestígio.

Na ordenação diaconal, somente o bispo impõe as mãos, significando que o diácono está especialmente ligado ao bispo nas tarefas de sua "diaconia" (Cf. CIC 1569). Os diáconos estão sujeitos ao bispo e são considerados os ouvidos, a boca, o coração e a alma do bispo. Suas funções se orientavam mais na direção da caridade e da comunhão. Pedia-se deles um cuidado especial pelos doentes e pelos pobres. Por isso mesmo eram chamados amigos dos órfãos.

Cabe, portanto ao diácono, entre outros serviços, auxiliar o bispo e padres nas celebrações, distribuir a comunhão, assistir o matrimônio, proclamar e pregar o Evangelho, presidir as exéquias e dedicar-se aos serviços sociais.

Os diáconos podem ser ordenados em vista da ordenação presbiteral, permanecendo apenas um tempo como diácono e posteriormente ordenado presbítero ou ainda como grau próprio, chamado de diaconato permanente, que pode também ser conferido a homens casados.

Os diáconos recebem, após a imposição das mãos e a prece de ordenação, os paramentos próprios do seu ministério: estola diaconal e dalmática. Recebem também o livro dos Evangelhos, que indica o múnus de proclamar o Evangelho nas celebrações litúrgicas e o abraço da paz como aceitação e acolhida no seu ministério.

No **segundo grau da Ordem**, o candidato recebe a ordenação presbiteral. Com a ordenação, os presbíteros participam do sacerdócio e da missão dos bispos e estão unidos a eles na dignidade sacerdotal e ao mesmo tempo dependem deles no exercício de suas funções pastorais. Atentos cooperadores dos bispos são chamados a servir ao povo de Deus. Formam em torno de seu bispo o "presbitério", que com ele é responsável pela Igreja particular. Recebem do bispo o encargo de uma comunidade paroquial ou de uma função eclesial determinada.

Cabe aos presbíteros pregar o Evangelho, apascentar os fiéis e celebrar os Sacramentos, de modo especial a Eucaristia, a Reconciliação e Unção dos Enfermos.

O bispo é quem confere a ordenação ao diácono e juntamente com o bispo, os presbíteros impõem as mãos sobre os ordinandos para significar a acolhida e inserção deles no presbitério.

Após a prece de ordenação, os ordenados são revestidos da estola presbiteral e da casula, manifestando o ministério que vão exercer na liturgia, explicitado ainda melhor através da unção das mãos com o óleo do Santo Crisma, e pela entrega do pão e do vinho. Por fim, o abraço da paz é sinal de aceitação como novos cooperadores da messe do Senhor.

No terceiro grau da Ordem, o candidato recebe a ordenação episcopal. O bispo recebe a plenitude do Sacramento da Ordem que o insere no Colégio Episcopal e faz dele o chefe visível da Igreja particular que lhe é confiada (Diocese / Arquidiocese). Os bispos, como sucessores dos apóstolos e membros do colégio, participam da responsabilidade apostólica e da missão de toda a Igreja, sob a autoridade do Papa, sucessor de São Pedro (Cf. CIC 1594).

O bispo tem o dever de pregar o Evangelho para salvação e santificação dos fiéis, bem como presidir os sacramentos, de modo especial, a Confirmação e a Ordem.

De acordo com antiguíssimo costume para ordenação de um bispo, esteja o bispo ordenante principal acompanhado de ao menos mais dois bispos. Todos os bispos presentes participam da ordenação impondo as mãos e rezando a parte própria da Prece de Ordenação e o saúdam com o abraço da paz. Enquanto se reza a Prece de Ordenação, dois diáconos mantêm o livro dos Evangelhos sobre a cabeça do ordinando.

Após a oração, o Evangeliário é entregue nas mãos do bispo, expressando que a pregação da Palavra é a sua principal missão. É ungido com o óleo do Santo Crisma a cabeça do bispo, significando a sua especial participação no sacerdócio de Cristo. A colocação do anel é sinal de sua fidelidade para com a Igreja, esposa de Deus. Ainda a imposição da mitra, expressa a busca pela santidade e a entrega do báculo de pastor, mostrando seu encargo de conduzir a Igreja a ele confiada.

Alguns bispos podem receber alguns títulos de acordo com a missão a eles confiados e serviços dos quais estão a frente: Arcebispos, Cardeais, Papa e outros. No fundo, todos são bispos e gozam do terceiro grau da Ordem. O Papa é o bispo da Diocese de Roma e recebe este título por ter sido escolhido como sinal de unidade da Igreja universal.

Conclusão: O catequista conclui dizendo que é Deus quem escolhe e chama os homens a consagrar-se inteiramente ao seu serviço. Todos nós somos chamados a uma vocação específica na Igreja, seja como padre, religioso(a) ou a vida matrimonial.

O catequista fala da importância de se rezar pelas vocações e os incentiva a esta prática. Ao redor da Mesa da Palavra, todos poderão rezar a oração pelas vocações.

Oração final: O catequista convida a todos a se colocarem ao redor da Mesa da Palavra e os convida a ficar um tempo em silêncio, lembrando de tantos homens e mulheres que consagram a sua vida ao serviço do Evangelho, depois os convida a rezarem a oração pelas vocações. Conclui com o Pai-Nosso e com a oração:

> *Deus nosso Pai, que enviastes o Espírito Santo santificador sobre cada um de nós. Dai-nos coragem para assumir a nossa vocação e fortalecei-nos na missão e no seguimento de sua Palavra, fazendo-nos templos vivos de amor a todos que nos forem confiados. Por Cristo, nosso Senhor. Amém.*

No final da oração, o catequista impõe as mãos sobre a cabeça de cada catequizando e traça o sinal da cruz em sua fronte, dizendo:

"Rezai pelos vocações ...N..., vai em paz, o Senhor está contigo!"

MATERIAL DE APOIO

- Aprofundar o tema nos parágrafos 1554 a 1600 do Catecismo da Igreja Católica (CIC).

- Sugerimos que o catequista leia as introduções dos rituais de ordenação, bem como, conheça o rito específico de cada grau da Ordem, observando as rubricas. Os três podem ser encontrados no Pontifical Romano.

- Sugestão de oração vocacional:

ORAÇÃO PELAS VOCAÇÕES

Jesus, divino Pastor da Santa Igreja ouvi nossa prece sacerdotal.

Concedei para muitos meninos e jovens, de coração inocente e generoso, a graça do sacerdócio e a perseverança em sua vocação.

Fazei-nos compreender, a grande honra e felicidade, de termos um padre em nossa família.

Dai-nos a todos sinceros desejos de auxiliar as vocações sacerdotais e religiosas.

Infundi nos formadores do nosso clero, os dons de piedade e ciência para o reto desempenho de sua missão de tanta responsabilidade.

Por intercessão da Virgem Santíssima, santificai e protegei sempre os nossos padres, para que se dediquem com amor e zelo à glória de Deus e à salvação dos homens.

Amém.

Lembrete e Sugestão

No próximo encontro, sugerimos uma visita ao padre. Para que isto aconteça, combinar previamente com o padre como será a visita. Avisar aos catequizandos do dia, hora e local do encontro.

22º Encontro

Ao encontro do pastor da comunidade

Palavra inicial: Prezado catequista, queremos que os catequizandos tenham uma maior proximidade com o(s) padre(s) da paróquia do qual pertencem. Sendo assim, propomos uma visita na casa paroquial no manual da primeira etapa da catequese e agora repetimos esta sugestão ressaltando que além de conhecer e aproximar do padre, os catequizandos tenham a oportunidade de um "momento vocacional", onde o padre poderá partilhar um pouco da sua história, de como "descobriu" a sua vocação.

Juntamente com o padre, o catequista poderá preparar uma rápida oração para ser rezada na casa paroquial ou onde acharem mais oportuno a realização do encontro. Poderá ser pensado também numa pequena confraternização, onde cada catequizando poderá levar algo para ser partilhado ou o próprio catequista, juntamente com o padre, poderá preparar um café com bolo, biscoito e suco para ser servido aos catequizandos.

23º Encontro

O Sacramento do Matrimônio

Palavra inicial: Neste encontro iremos refletir sobre o Sacramento do Matrimônio.

Preparando o ambiente: Ambão com toalha da cor do tempo litúrgico, Bíblia, vela, flores, imagens e fotos de noivos e famílias em diversas ocasiões, pedaços de papel em branco, lápis ou canetas (uma para cada catequizando) e uma caixinha ou cesta escrito "FAMÍLIA CRISTÃ" ou "UMA SÓ FAMÍLIA".

Acolhida: O catequista acolhe os catequizandos, saudando-os com a frase: *"Deus uniu homem e mulher para formar a família ...N..., seja bem-vindo!"* e os conduz para dentro da sala.

Recordação da vida: Todos se colocam ao redor da Mesa da Partilha, ou em pé ao redor da Mesa da Palavra, fazer uma retrospectiva da semana, destacando os acontecimentos importantes que possam ter ocorrido na vida da comunidade.

NA MESA DA PALAVRA

Oração inicial: O catequista deverá motivar a oração de maneira bem simples e que seja a mais espontânea possível. Poderá invocar o Espírito Santo com um canto ou com a oração *"Vindo Espírito Santo enchei..."*.

Um catequizando aproxima-se do ambão e proclama o texto indicado. Antes, porém, o catequista poderá convidar a todos para cantar aclamando o santo Evangelho.

Leitura do texto bíblico: Mt 19,3-6.

Depois de um momento de silêncio o catequista lê o texto novamente, bem devagar, destacando alguns pontos.

> *"...o homem deixará o pai e mãe para unir-se à sua mulher, e os dois serão uma só carne? [...] Não separe, pois, o homem o que Deus uniu."*

Todos se dirigem para a Mesa da Partilha.

NA MESA DA PARTILHA

Antes de refletir o texto bíblico, o catequista poderá pedir aos catequizandos que partilhem a experiência de ir visitar o padre e conhecer um pouco de sua vocação.

Depois de ouvir cada um, o catequista reflete com os catequizandos o texto bíblico. Poderá pedir para abrirem suas Bíblias no texto proclamado para uma leitura silenciosa em que recordem o texto.

O catequista continua a reflexão dizendo que o Matrimônio também é um Sacramento de serviço, pois os esposos cristãos dele participam para serem fortalecidos e cumprirem dignamente todos os deveres da vida a dois. O próprio Deus é autor do Matrimônio e convida homem e mulher a se unirem e juntos formar família, colaborando na ordem da criação, gerando filhos e filhas.

No matrimônio, o homem e a mulher, incompletos, se juntam e formam um só corpo. A felicidade do casal consiste em um doar-se por amor ao outro. Neste Sacramento, nenhum pode buscar apenas a própria felicidade, pois a felicidade pessoal é consequência do fazer o outro feliz.

A renúncia e a doação é uma das colunas da vida a dois. Antes, porém, deve estar alicerçado nos valores evangélicos, do amor e respeito. A Palavra de Deus e a vida de oração devem ser uma constante na vida do casal.

Ninguém pode impor o casamento a nenhuma pessoa. É uma decisão livre e consciente que cada um deve tomar. É ter a certeza de que o compromisso assumido será para uma vida toda.

O Matrimônio não é um contrato jurídico que pode ser rasgado ou desfeito simplesmente, é um pacto de alianças abençoado por Deus.

Diante disto, podemos nos questionar se os nossos jovens têm consciência do que é o Matrimônio enquanto Sacramento. Se têm maturidade suficiente para assumi-lo. O catequista poderá questionar os catequizandos sobre o que acham do casamento e da vida a dois. Se eles enxergam esta doação, respeito e amor nos casais, de modo especial em suas famílias.

Atenção: Tomar cuidado, pois muitos dos catequizandos podem vir de famílias com pais separados, amasiados ou mesmo não os terem conhecido.

O catequista, ouvindo-os com muita sensibilidade, poderá dizer que Deus tem um plano para o homem e a mulher, porém muitas coisas podem ocorrer na vida e na história de cada um, onde por vários motivos este projeto pode não ter acontecido. A nós hoje não importa o que aconteceu com nossos pais e nossas famílias. O que importa é que Deus hoje nos convida a assumirmos a vocação e o plano que Deus reservou a cada um de nós.

É preciso olhar para trás, conhecer a história de nossa família e conscientes questionarmos o que queremos para nossas vidas. Talvez nossos pais não tiveram a oportunidade que hoje nós estamos tendo de aprender a importância e o valor do casamento e da vida alicerçada em Deus ou não conseguiram, por alguma razão que não devemos julgar, fazer esta experiência.

Conclusão: O catequista poderá convidar os catequizandos a rezarem por todas as famílias, pedindo para que cada um escreva em um papel o nome de todos que residem com eles, bem como o sobrenome de cada família. Depois colocará dentro de uma cestinha ou caixinha onde deverá estar escrito: "FAMÍLIA CRISTÃ" ou "UMA SÓ FAMÍLIA", dizendo que em Cristo todos somos irmãos, pertencemos à mesma família, pois temos o mesmo sobrenome. Jesus é o Noivo e nós, enquanto Igreja, somos a Noiva. Assumimos em Deus, uma aliança de amor e fidelidade com Cristo. Levar a caixinha com o nome de todas as famílias e colocá-la aos pés do ambão de onde será feito a oração final.

Oração final: O catequista convida todos a se colocarem ao redor da Mesa da Palavra e olhando para o caixinha com todos os nomes das famílias, convida-os a rezar por todos ali inscritos. Ao final, rezar o Pai-Nosso e conclui com a oração:

> *Deus Pai bondoso, olhai pelos vossos filhos e filhas que foram chamados a constituírem em Cristo uma só família. Abençoai e fortalecei a todos e a cada um. Por Cristo, nosso Senhor. Amém.*

No final da oração, o catequista impõe as mãos sobre a cabeça de cada catequizando e traça o sinal da cruz em sua fronte, dizendo:

> "...N..., Deus te deu a vida e tem um plano para você, vai em paz, que o Senhor te acompanhe! Amém."

MATERIAL DE APOIO

- Aprofundar o tema nos parágrafos 1601 a 1654 do Catecismo da Igreja Católica (CIC).

24° Encontro

Família: Igreja Doméstica

Palavra inicial: Prezados catequistas, nesse encontro buscaremos refletir com os catequizandos que a família deve ser um prolongamento da Igreja. Devemos, dentro de nossas casas, dar testemunho de Cristo. Devemos ser cristãos em tempo integral.

Preparando o ambiente: Ambão com toalha da cor do tempo litúrgico, Bíblia, vela, flores e imagem da Sagrada Família.

Acolhida: O catequista acolhe os catequizandos saudando-os com a frase: "*Jesus quis nascer no seio de uma família ...N..., seja bem-vindo!*" e os conduz para dentro da sala. Quando já estiverem na sala, saúda a todos mais uma vez, desejando-lhes boas-vindas.

Recordação da vida: Ao redor da Mesa da Partilha, ou em pé ao redor da Mesa da Palavra, os catequizandos farão uma retrospectiva da semana, destacando os acontecimentos e fatos importantes que possam ter ocorrido na vida da comunidade.

NA MESA DA PALAVRA

Oração inicial: Em clima de oração e recolhimento, o catequista motiva a oração invocando o Espírito Santo, rezando ou cantando.

O catequista convida a todos a cantar aclamando o Santo Evangelho. Em seguida, o catequizando dirige-se até o ambão, de onde proclama o texto bíblico.

Leitura do texto bíblico: Mt 7,24-27.

Depois de um momento de silêncio, o catequista lê o texto novamente, bem devagar, destacando alguns pontos.

> "...aquele que ouve estas minhas palavras, e as põe em prática, será como um homem prudente que construiu sua casa sobre a rocha [...] mas ela não desabou. Estava fundada na rocha...".

Todos se dirigem para a Mesa da Partilha.

NA MESA DA PARTILHA

Reconstruir o texto bíblico. Depois pedir aos catequizandos para abrirem suas Bíblias na passagem proclamada na Mesa da Palavra, e convidá-los a uma leitura silenciosa, observando algum detalhe não comentado na reconstrução do texto. Se houver algo, todos podem partilhar.

O catequista convida os catequizandos a olharem para uma casa, ou para a igreja, ou ainda para as paredes e telhado da sala de catequese e os questiona por que aquelas paredes não caem. Dirá que para não cair, é preciso fazer um alicerce, onde é preciso abrir um buraco, colocar tijolo, pedras, ferro, cimento, para só depois subir as paredes e colocar as telhas. Pode chover, ventar, que nada vai acontecer com a casa ou com o prédio. Assim também, construir a casa sobre a rocha no Evangelho, significa fazer um bom alicerce. Quando duas pessoas se conhecem, começam a namorar e se casam, é como se eles estivessem construindo uma casa. Assim como a casa é construída, o relacionamento, a confiança e o amor acontecem gradativamente. Porém, para que o casamento não acabe e seja destruído por causa das dificuldades que possam acontecer ao longo da vida, é preciso ter construído no início do namoro, um bom "alicerce", e este alicerce, ou esta rocha é CRISTO.

Portanto, todas as famílias cristãs devem ser verdadeiras testemunhas da fé que professaram ao abraçar o Matrimônio, tendo e educando os filhos a uma vida de oração, diálogo e amor.

O catequista poderá fazer os seguintes questionamentos: E nós enquanto catequizandos, como temos vivido nossa fé dentro da nossa casa? Temos respeitado nossos pais, avós, ou aqueles que cuidam e são responsáveis por nós? Temos colaborado nos afazeres diários, arrumando nossa cama, lavando o copo que utilizamos, ou deixamos tudo jogado e bagunçado? Tenho incentivado a oração feita em família? Outras interrogações podem ser feitas.

Conclusão: O catequista conclui questionando os catequizandos de como podemos viver a fé que professamos dentro de nossa casa, de nossa escola e em todos os lugares que estivermos. Depois, mostrando a imagem da Sagrada Família, diz que Jesus quis nascer no seio de uma família, e teve como seus pais, Maria e José. Pessoas pobres, mas que muito amavam e testemunhavam a fé a todos. Que possamos consagrar nossas casas a Sagrada Família de Nazaré, pedindo a intercessão de Maria e José sobre todos os que habitam em nosso lar.

O catequista poderá convidar a todos a ficarem de pé e cantarem A "Oração pela família" (Pe Zezinho, SCJ. In Kolling, 2004, n. 1415, p. 308).[2]

Oração Final: Ao redor da Mesa da Palavra, o catequista motiva os catequizandos a formular preces e pedidos a Deus por todas as famílias. Poderá encerrar com o Pai-Nosso e com a oração:

> *Senhor nosso Deus, que olha com amor para todas as famílias. Derramai o Vosso Espírito e fortalecei a cada uma delas, para que possam ser verdadeiras Igrejas domésticas, testemunhando a fé a toda sociedade. Por Cristo, nosso Senhor. Amém.*

No final da oração, o catequista impõe as mãos sobre a cabeça de cada catequizando e traça o sinal da cruz em sua fronte, dizendo:

> *"Seja cristão(a) em tempo integral ...N... vai em paz, que o Senhor te acompanhe! Amém."*

MATERIAL DE APOIO

- Aprofundar o tema nos parágrafos 1655 a 1665 do Catecismo da Igreja Católica (CIC

---

2 KOLLING, I. M. T. **Cantos e Orações**. Para a liturgia da missa, celebrações e encontros. 4. Ed. Petrópolis: Vozes, 2004.

25º Encontro — Mistagogia do Sacramento do Matrimônio

Palavra inicial: Amado catequista, neste encontro queremos refletir sobre a ritualidade e espiritualidade que envolvem a celebração matrimonial.

Preparando o ambiente: Ambão com toalha da cor do tempo litúrgico, Bíblia, vela, flores, par de alianças.

Acolhida: A medida que os catequizandos vão chegando, o catequista os acolhe saudando-os com a frase: *"Deus nos abençoa com generosidade ...N..., seja bem-vindo!"* e os convida a entrarem para o local do encontro.

Recordação da vida: Ao redor da Mesa da Partilha, ou em pé ao redor da Mesa da Palavra, o catequista motiva os catequizandos a fazer um momento de recordação da vida, onde lembrarão fatos e acontecimentos que marcaram a vida de cada um, de suas famílias, comunidade e da sociedade.

NA MESA DA PALAVRA

Oração inicial: Após o momento de recordação da vida, o catequista motiva um momento de oração pedindo o Espírito Santo sobre todos os catequizandos e sobre toda a Igreja.

Ainda em clima de oração, o catequizando dirige-se até o ambão, de onde proclama o texto bíblico. Antes, porém, o catequista poderá convidar a todos para cantar aclamando o santo Evangelho.

Leitura do texto bíblico: Jo 15,9-12.

Depois de um momento de silêncio, o catequista lê o texto novamente, bem devagar, destacando alguns pontos.

> *"Como o Pai me amou, assim também eu vos amei. [...] Se guardardes os meus mandamentos, permanecerei no meu amor [...] Este é o meu mandamento: amai-vos uns aos outros como eu vos amei."*

Todos se dirigem para a Mesa da Partilha.

NA MESA DA PARTILHA

Ao redor da Mesa da Partilha, o catequista incentiva os catequizandos a reconstruírem o texto bíblico. Depois pedir aos catequizandos para abrirem suas Bíblias na passagem proclamada na Mesa da Palavra, e convidá-los para uma leitura silenciosa, observando algum detalhe não comentado na reconstrução do texto. Se houver algo, todos podem partilhar.

O catequista recorda o encontro anterior, dizendo da família que deve ser construída sobre a rocha, que é Jesus Cristo e sua Palavra. Depois chama a atenção para o texto bíblico, dizendo qual é o maior mandamento. Amar como Jesus nos amou!

O mandamento do amor ao próximo já existia: "Amar a Deus sobre todas as coisas e o próximo como a ti mesmo" (Mt 22,35-36). Porém, Jesus eleva este mandamento, dizendo que não só devemos amar como a nós mesmos, pois muitas vezes pode ser um amor egoísta, interesseiro, mas amar o próximo como Jesus nos amou, ou seja, um amor gratuito, sem interesse. Um amor verdadeiro a ponto de dar a vida pelo bem do outro. Este mandamento é a base do cristianismo, e é o alicerce da vida matrimonial.

Quando um deixa um pouco de si, para viver um pouco para o outro, com certeza o Matrimônio sobreviverá a todas as dificuldades.

Este amor "ágape", a ponto de suportar o tempo e suas mazelas, e ter a esperança da separação somente na vida eterna, é bem expresso pelo juramento feito pelo casal no dia da celebração do Matrimônio. Lembrando que os noivos são ministros do próprio sacramento. O padre ou o diácono ou ainda a testemunha qualificada, apenas assistem o Matrimônio e dão fé no ato realizado.

O "Rito Sacramental" descrito pelo ritual do Matrimônio está assim estruturado:

Rito sacramental do matrimônio

Ministro: Caros noivos, N. e N., vocês vieram aqui para que, na presença do ministro da Igreja e da comunidade cristã, a união matrimonial de vocês seja marcada por Cristo com um sinal sagrado. Cristo abençoa o amor conjugal de vocês. Já tendo consagrado a vocês pelo Batismo, vai enriquecê-los agora com o Sacramento do Matrimônio, para que sejam fiéis um ao outro, no seguimento de Cristo, e a todos os seus deveres.

Diálogo antes do consentimento

Ministro: *N. e N., Vocês vieram aqui para unir-se em Matrimônio. Por isso lhes pergunto diante da Igreja:*

É de livre e espontânea vontade que o fazem?

Cada um dos noivos responde:

Sim!

Ministro: *Abraçando o Matrimônio, vocês prometem amor e fidelidade um ao outro.*

É por toda vida que o prometem?

Cada um dos noivos responde:

Sim!

Ministro: *Estão dispostos a receber com amor os filhos que Deus lhes confiar, educando-os na lei de Cristo e da Igreja?*

Cada um dos noivos responde:

Sim!

Consentimento

Ministro: *Agora, convido vocês, caros N. e N., a se darem as mãos e a firmarem a sagrada aliança do Matrimônio, manifestando publicamente o seu consentimento.*

Noivo: *Eu, N., te recebo N por minha esposa e lhe prometo ser fiel, amar-te e respeitar-te, na alegria e na tristeza, na saúde e na doença, todos os dias da nossa vida.*

Noiva: *Eu, N., te recebo N por meu esposo e lhe prometo ser fiel, amar-te e respeitar-te, na alegria e na tristeza, na saúde e na doença, todos os dias da nossa vida.*

Aceitação do consentimento

Ministro: *Deus confirme este compromisso que vocês manifestaram perante a Igreja e derrame sobre vocês as suas bênçãos! Ninguém separe o que Deus uniu!*

Todos: *Que Deus, por seu Espírito Santo, os conserve sempre unidos no amor.*

Ministro: *Bendigamos ao Senhor.*

Todos: *Graças a Deus.*

O catequista poderá convidar os catequizandos para analisar cada palavra dita no rito, de modo especial às três perguntas feita no diálogo, que para o casamento ser válido, é preciso estar disposto a assumir o Matrimônio: de livre e espontânea vontade (liberdade); prometer amor e fidelidade; e estar dispostos a ter filhos e educá-los na fé cristã. Além de refletir sobre a fórmula do consentimento, onde prometem viver juntos diante das alegrias e tristezas durante todos os dias enquanto viverem.

Observação: Se for oportuno e o tempo permitir, poderá também refletir sobre a mistagogia da oração da Benção Nupcial, impressa no material de apoio no final deste encontro.

Conclusão: O catequista então poderá concluir dizendo da importância do Matrimônio diante da Igreja e da sociedade. Não pode ser tratado como algo relativista, onde se não der certo, separe. Não! É preciso ter consciência e clareza das responsabilidades assumidas no sacramento. Apresentando as alianças, o catequista diz que Santo Isidoro dizia que "as alianças deveriam ser colocadas no quarto dedo da mão esquerda, pois daquele dedo, sai uma veia que leva direto ao coração". Simbolizando que o casamento não é algo racional, mas algo que brota do coração, onde o diálogo, o perdão e o amor gratuito, de doação, devem estar na rotina do casal.

Oração final: O catequista convida a todos a se colocarem ao redor da Mesa da Palavra, onde estimula os catequizandos a formularem preces e orações principalmente por aqueles casais que estão em dificuldade, ou que casaram sem terem a maturidade necessária. Conclui com o Pai-Nosso e com a oração:

> *Deus de misericórdia, que enviaste seu Filho ao mundo para selar a Sagrada Aliança entre Deus e seu povo. Ajudai-nos a compreender a importância do sacramento do Matrimônio e da família. Por Cristo, nosso Senhor. Amém*

No final da oração, o catequista impõe as mãos sobre a cabeça de cada catequizando e traça o sinal da cruz em sua fronte, dizendo:

> "A Igreja é esposa de Cristo ...N..., vai em paz que o Senhor te acompanhe!"

MATERIAL DE APOIO

- Será muito importante que o catequista pudesse ter em mãos o **Ritual do Matrimônio** para poder ler a INDRODUÇÃO GERAL do ritual e analisar toda a estrutura do capítulo II (celebração do Matrimônio sem Missa), observando além da sequência, todas as orações que compõem o rito.

BÊNÇÃO NUPCIAL

Ministro: *Caros fiéis, roguemos a Deus que derrame suas bençãos sobre N. e N. Que ele ajude bondosamente com seu auxílio aos que enriqueceu com o Sacramento do Matrimônio.*

Ministro: *Pai de amor, ao criar a pessoa humana à vossa imagem, homem e mulher os criastes, para que, unidos num só coração e numa só carne, cumprissem na terra a sua missão.*

Todos – *Nós vos damos graças, Senhor!*

Ministro: *Ó Deus, para revelar o vosso plano de amor, quisestes anunciar no amor do esposo e da esposa a aliança que fizestes com o vosso povo, e no Matrimônio dos vossos fiéis, elevado à dignidade de sacramento, manifestais o mistério de união e amor de Cristo e da Igreja.*

Todos – *Nós vos damos graças, Senhor!*

Ministro: *Abençoai, agora, estes vossos filhos, estendendo sobre eles vossa mão protetora. Derramai sobre N. e N. a força do vosso Espírito Santo. Concedei-lhes que, pelo Sacramento do Matrimônio, comuniquem entre si os dons do vosso amor e, sendo assim um sinal da vossa presença, se tornem um só coração e uma só alma.*

Todos – *Enviai-lhes o vosso Espírito Santo, Senhor!*

Ministro: *Concedei-lhes também que sustentem com seu trabalho o lar hoje fundado e eduquem seus filhos segundo o Evangelho, a fim de participarem da vossa família no céu.*

Todos – *Enviai-lhes o vosso Espírito Santo, Senhor!*

Ministro: *Dignai-vos derramar vossas bênçãos sobre esta vossa filha N., para que, cumprindo a sua missão de esposa e mãe, aqueça o lar com sua ternura e o adorne com sua graça.*

Todos – *Enviai-lhes o vosso Espírito Santo, Senhor!*

Ministro: *Acompanhai também com vossa benção este vosso filho N., para que cumpra com fidelidade e carinho os deveres de esposo e de pai.*

Todos – *Enviai-lhes o vosso Espírito Santo, Senhor!*

Ministro: *Enfim, ó Pai misericordioso, concedei a N. e N., que hoje se uniram em vossa presença a graça de participarem, um dia, da festa das bodas eternas no céu. Por Cristo, nosso Senhor.*

Todos – *Amém*

26° Encontro

Os sacramentais

Palavra inicial: Neste encontro, depois de ter visto cada um dos sete Sacramentos, queremos refletir sobre as demais celebrações litúrgicas, conhecidas como sacramentais.

Preparando o ambiente: Ambão com toalha da cor do tempo litúrgico, Bíblia, vela e flores.

Acolhida: O catequista acolhe carinhosamente os catequizandos com a frase: *"Você é chamado a ser benção e a abençoar ...N..., seja bem-vindo!"* e os conduz para a sala de encontro.

Recordação da vida: Ao redor da Mesa da Partilha, ou em pé ao redor da Mesa da Palavra, o catequista motiva os catequizandos a fazer um momento de recordação da vida, onde lembrarão fatos e acontecimentos que marcaram a vida de cada um, de suas famílias, comunidade e da sociedade.

NA MESA DA PALAVRA

Oração inicial: Após o momento de recordação da vida, o catequista motiva um momento de oração, pedindo o Espírito Santo sobre todos os catequizandos e sobre toda a Igreja.

Um catequizando dirige-se até o ambão de onde proclama o texto bíblico.

Leitura do texto bíblico: 1Ts 5,16-18.

Depois de um momento de silêncio, o catequista lê o texto novamente, bem devagar, destacando alguns pontos.

"...Em todas as circunstâncias dai graças..."

Todos se dirigem para a Mesa da Partilha.

NA MESA DA PARTILHA

Ao redor da Mesa da Partilha, o catequista incentiva os catequizandos a reconstruírem o texto bíblico. Depois pedir para abrir suas Bíblias na passagem proclamada na Mesa da Palavra, e os convidar a uma leitura silenciosa, observando algum detalhe não comentado na reconstrução do texto. Se houver algo, todos podem partilhar.

O catequista reflete com os catequizandos que em Cristo todos os cristãos são abençoados por Deus e são convocados a serem benção para os outros, dando graças, louvando e agradecendo a Deus por toda e qualquer situação: seja pelos momentos felizes, como também pelos momentos de tristeza, dor e perda.

Os sacramentais, instituídos pela Igreja, têm por objetivo ajudar o homem a consagrar toda a vida a Deus, bem como todo seu ambiente em que vive. Os Sacramentais não conferem a graça do Espírito Santo à maneira dos sacramentos, mas pela oração da Igreja preparam para receber a graça e dispõem à cooperação com ela (CIC 1670). Entre os sacramentais, figuram em primeiro lugar as bênçãos (de pessoas, da mesa, de objetos e lugares).

Entre as diversas formas de sacramentais estão, portanto, as bênçãos com um alcance duradouro, que têm por efeito consagrar pessoas a Deus como, por exemplo, a bênção de abade ou da abadessa de um mosteiro, profissão religiosa, bênçãos para certos ministérios da Igreja (leitor, acólitos, catequistas etc.), bem como objetos e lugares destinados ao uso litúrgico, como por exemplo, a dedicação ou benção de uma igreja ou altar, a bênção dos santos óleos, de cálice e vestes litúrgicas etc.

Muitas outras bênçãos podem ser dadas aos cristãos e as coisas que os rodeiam, como as que encontramos no Ritual de Bênçãos:

- Bênçãos de Pessoas: famílias, cônjuges, crianças, filhos, noivos, antes do parto, idosos, enfermos, missionários etc.
- Bênçãos de Edifícios e outras coisas: colocação de pedra fundamental, residências, seminários, escolas, bibliotecas, hospitais, instrumentos de trabalho, animais etc.
- Bênçãos de coisas que favorecem a devoção do cristão: imagens de santos, terços, escapulários etc.

Os sacramentais compreendem sempre uma oração, acompanhada de determinado sinal, como a imposição das mãos, o sinal da cruz ou a aspersão com água benta, que nos recorda o Batismo. Vale recordar que os sacramentais são diferentes dos Sacramentos.

O catequista pergunta aos catequizandos se eles já tiveram algum objeto abençoado ou se já participaram de alguma benção. Depois poderá dizer que muitas coisas podemos pedir para ser abençoado, e que é de suma importância que como cristãos sempre nos lembremos de pedir a benção sobre tudo o que temos, louvando e agradecendo sempre por cada coisa.

Conclusão: O catequista conclui dizendo que outra benção importante e muito significativa são as exéquias, celebração onde abençoamos os fiéis defuntos, aqueles que fizeram sua páscoa e agora encontram-se junto de Deus. É um momento de confessar na fé, na esperança de que a morte não é o fim, mas o início de uma nova vida junto de Deus: "Espero a ressurreição dos mortos e a vida do mundo que há de vir" (Símbolo niceno-constantinopolitano).

Oração final: O catequista convida a todos a se colocarem ao redor da Mesa da Palavra onde estimula os catequizandos a formularem preces e orações para que todos os cristãos e de modo especial os que perderam seus entes queridos. Conclui rezando o Pai-Nosso e com a oração:

Deus Pai criador, que conhece o coração de cada um de nós, ajudai-nos a testemunhar a fé e a vivê-la a cada dia. Que nosso testemunho e exemplo seja sinal para esse mundo sem esperança e cheio de guerra. Que a vida de oração e as bênçãos dispensadas pela Igreja, nos seja sustento na missão. Por Cristo, nosso Senhor. Amém .

No final da oração, o catequista impõe as mãos sobre a cabeça de cada catequizando e traça o sinal da cruz em sua fronte dizendo:

"Que a sua vida seja marcada por Deus ...N..., vai em paz que o Senhor te acompanhe!"

MATERIAL DE APOIO

- Aprofundar o tema nos parágrafos 1667 a 1690 do Catecismo da Igreja Católica (CIC).
- Ler Introdução Geral do Ritual de Bênçãos e analisar algumas das bênçãos que o compõem.

A Eucaristia: "fonte e ápice de toda vida cristã"

Palavra inicial: Amados catequistas, nos aproximamos da grande celebração onde os catequizandos irão participar pela primeira vez do Banquete Eucarístico. Este e os próximos encontros irão se dedicar a preparar os catequizandos para que participem de uma maneira consciente de todo os ritos que envolvem a Celebração Eucarística.

Preparando o ambiente: Ambão com toalha da cor do tempo litúrgico, vela e flores.

Acolhida: O catequista acolhe os catequizandos saudando-os com a frase: *"Cristo se dá em alimento a nós ...N..., seja bem-vindo!"* e os conduz para dentro da sala. Quando já estiverem na sala, saúda a todos mais uma vez, desejando-lhes boas-vindas.

Recordação da vida: Ao redor da Mesa da Partilha, ou em pé ao redor da Mesa da Palavra, o catequista motiva os catequizando a fazerem um momento de recordação da vida, destacando fatos e acontecimentos que marcaram a vida da comunidade.

NA MESA DA PALAVRA

Oração inicial: Após a recordação da vida, o catequista motiva a oração, de maneira bem espontânea, invocando o Espírito Santo.

Ainda em clima de oração, um catequizando dirige-se até o ambão de onde proclama o texto bíblico.

Leitura do texto bíblico: 1Cor 11,23-27.

Depois de um momento de silêncio, o catequista lê o texto novamente, bem devagar, destacando alguns pontos.

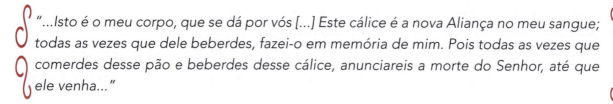

> *"...Isto é o meu corpo, que se dá por vós [...] Este cálice é a nova Aliança no meu sangue; todas as vezes que dele beberdes, fazei-o em memória de mim. Pois todas as vezes que comerdes desse pão e beberdes desse cálice, anunciareis a morte do Senhor, até que ele venha..."*

Todos se dirigem para a Mesa da Partilha.

NA MESA DA PARTILHA

Ao redor da Mesa da Partilha, os catequizandos reconstroem o texto bíblico. Depois pedir aos catequizandos para abrirem suas Bíblias na passagem proclamada na Mesa da Palavra, e os convidá-los a uma leitura silenciosa, observando algum detalhe não comentado na reconstrução do texto. Se houver algo, todos podem partilhar.

O catequista poderá recordar o que foi refletido nos encontros 12 e 13.

Todas as vezes que nos reunimos enquanto comunidade, enquanto Igreja, para celebrar o Sacramento da Eucaristia, fazemos memória da Paixão, morte e ressurreição do Senhor. A Eucaristia é a fonte e ápice de toda a vida cristã. Pois a Eucaristia contém todo o bem espiritual da Igreja: o próprio Cristo, nossa Páscoa. Sendo assim, todos os demais sacramentos, bem como, todos os ministérios eclesiásticos e tarefas apostólicas, se ligam à sagrada Eucaristia e a ela se ordenam. Cristo é a fonte, de onde brota a Igreja, e é o ápice, para onde todos nós caminhamos. Pela celebração da Eucaristia já nos unimos à liturgia do céu e antecipamos a vida eterna. Não dizemos que o céu começa aqui? Sim, começa e na Celebração Eucarística se unem as duas assembleias, a militante (nós que aqui ainda peregrinamos) e a triunfante (a dos santos e santas que já se encontram face a face com Deus).

Na celebração da Eucaristia também, nos unimos para dar graças por todo trabalho realizado, por todas as conquistas e principalmente pelo trabalho de evangelização desempenhado durante toda a semana, além de ser um momento por excelência, de nos abastecermos, ouvindo a Palavra e comendo do Corpo e Sangue de Cristo.

Mas o que significa comer o pão e beber do cálice indignamente, como diz Paulo à comunidade de Corinto? Significa comer e não estar em comunhão. É não reconhecer o pão eclesial. A Eucaristia é comunitária, me alimenta e me fortalece para o serviço e a missão. Não posso comungar se não estiver em comunhão com os irmãos e irmãs. É não reconhecer que pertenço a uma grande família, que faço parte de um grande corpo, que é a Igreja. Assumir a missão e o serviço, testemunhando e vivendo a fé, é essencial para receber o Corpo e Sangue do Senhor.

Para que possamos participar de maneira consciente, é preciso entender e compreender as ações rituais que compõem a celebração do Sacramento da Eucaristia.

O catequista poderá então apresentar a estrutura do rito da Missa e dizer que nos próximos encontros iremos refletir um pouco sobre cada parte que compõe a celebração.

I. Ritos Iniciais

Sinal da cruz

Saudação inicial

Ato penitencial

Hino de louvor (domingos, festas e solenidades)

Oração do dia

II. Liturgia da Palavra

1ª. Leitura

Salmo

2ª. Leitura (domingos, festas e solenidades)

Aclamação ao Evangelho

Evangelho

Homilia

Profissão de fé (domingos, festas e solenidades)

Oração dos fiéis

III. Liturgia Eucarística

Preparação das oferendas

Oração Eucarística

Pai-Nosso

Ósculo da paz

Fração do pão

Comunhão

Oremos pós comunhão

IV. Ritos finais

Benção final

Conclusão: O catequista conclui dizendo que todos os anos de catequese que fizemos, bem como as celebrações dos sacramentos só têm sentido se for para assumir e viver a fé, que é coroada e expressa pela celebração da Santíssima Eucaristia. É preciso celebrar dominicalmente, partilhando os dons e a vida com a comunidade, comungando do Corpo e Sangue de Cristo.

Oração final: Ao redor da Mesa da Palavra, o catequista motiva os catequizandos a formularem orações e preces a Deus Pai de modo especial por todos os cristãos, para que verdadeiramente assumam a fé no Cristo e Dele deem testemunho. Depois o catequista conclui com o Pai-Nosso e com a oração:

> *Deus de bondade, que conhece o coração do homem, que possamos através da comunhão, ser fortalecidos na missão de levar o Evangelho a todos os povos. Por Cristo, nosso Senhor. Amém.*

No final da oração, o catequista impõe as mãos sobre a cabeça de cada catequizando e traça o sinal da cruz em sua fronte dizendo:

> *"Como um só corpo ...N..., vai em paz, que o Senhor te acompanhe!"*

MATERIAL DE APOIO

- Aprofundar o tema nos parágrafos 1322 a 1332 do Catecismo da Igreja Católica (CIC).
- Missal Romano. São Paulo: Paulus, 1997. (ler a Instrução Geral, e observar a sequência dos ritos com suas respectivas rubricas).

Convocados pela Trindade

Palavra inicial: Neste encontro, vamos procurar refletir sobre os ritos iniciais da Santa Missa, nunca deixando de expressar a unidade dos ritos.

Preparando o ambiente: Ambão com toalha da cor do tempo litúrgico, Bíblia, vela e flores.

Acolhida: O catequista acolhe carinhosamente os catequizandos com a frase: *"Somos convocados pela Trindade ...N..., seja bem-vindo!"* e os conduz para a sala de encontro.

Recordação da vida: Ao redor da Mesa da Partilha, ou em pé ao redor da Mesa da Palavra, o catequista motiva os catequizandos a fazer um momento de recordação da vida, onde lembrarão fatos e acontecimentos que marcaram a vida de cada um, de suas famílias, comunidade e da sociedade.

NA MESA DA PALAVRA

Oração inicial: Após o momento de recordação da vida, o catequista motiva um momento de oração pedindo o Espírito Santo sobre todos os catequizandos e sobre toda a Igreja.

Um catequizando dirige-se até o ambão, de onde proclama o texto bíblico.

Leitura do texto bíblico: 2Cor 13,11-13.

Depois de um momento de silêncio, o catequista lê o texto novamente, bem devagar, destacando alguns pontos.

> *"....A graça do Senhor Jesus Cristo, o amor de Deus e a comunhão do Espírito Santo estejam com todos vós".*

Após a leitura, todos dirigem-se para a Mesa da Partilha.

NA MESA DA PARTILHA

Ao redor da Mesa da Partilha, o catequista incentiva os catequizandos a reconstruírem o texto bíblico. Depois pedir aos catequizandos para abrirem suas Bíblias na passagem proclamada na Mesa da Palavra, e convidá-los a uma leitura silenciosa, observando algum detalhe não comentado na reconstrução do texto. Se houver algo, todos podem partilhar.

O catequista reflete com os catequizandos, dizendo que Deus está sempre conosco, nunca nos abandona e sempre nos convida a estar com Ele. As celebrações litúrgicas são um momento por excelência de encontro, de diálogo de experimentar o amor e a compaixão que Deus tem por cada um de nós.

A graça de Deus já começa agir em nós, a partir do momento que nós decidimos ir ao seu encontro. Podemos dizer que a Santa Missa tem seu início para cada um de nós, a partir do momento que dela decidimos participar. Porém, temos que ter claro que a iniciativa nunca é nossa, é sempre de Deus, Ele nos convoca a irmos ao seu encontro. Sendo assim, os ritos iniciais da Celebração Eucarística são expressão disto: a procissão inicial, onde o presidente da celebração (padre, bispo) e as várias pessoas que irão desempenhar algum serviço ou ministério, ao adentrarem a igreja, representam todos e a cada um de nós, que saímos de nossas casas, movidos pelo chamado de Deus a nos reunir com Ele.

Portanto, a procissão inicial não é para o padre entrar, nem para acolhê-lo, mas é sinal de todos os fiéis que vão ao encontro do Senhor. Aquele que preside em nosso nome saúda o altar com o beijo, saudação está dada no próprio Cristo, pois Cristo é o altar do próprio sacrifício (Hb 4,14;13,10). O presidente saúda a Cristo, simbolizado pelo altar. Depois, ao traçar o sinal da cruz: Em nome do Pai e do Filho e do Espírito Santo. Amém.

Expressamos que estamos reunidos em nome da Trindade, e por Ela fomos convocados. A saudação que segue:

> A graça de Nosso senhor Jesus Cristo,
> O amor do Pai
> E a comunhão do Espírito Santo
> Estejam convosco.

Foi inspirada na passagem da Escritura que hoje proclamamos (2Cor 13,13). Não é uma saudação qualquer, como bom dia, boa noite... é a saudação do próprio Cristo, é um desejo de PAZ! A paz é a maior graça que só Deus pode nos dar. Jesus, nos diversos relatos de suas aparições após a ressurreição, saúda os discípulos com a paz. "A paz esteja convosco" (Jo 20,19.26). É uma acolhida divina! Outras saudações semelhantes são previstas pelo ritual com o mesmo sentido.

Depois, no ato penitencial, somos convidados a tirar as sandálias, a reconhecer nossas fragilidades e misérias, nossos pecados antes de escutar o Verbo e de participar do seu evento salvífico. Não é momento de elencarmos pecados, pois isto se faz no Sacramento da Reconciliação, mas é momento de tirar as sandálias da prepotência, da vaidade, da falta de humildade e se prostrar diante do Senhor, que nos dignifica e nos da condição de permanecer na sua presença. (Tirar as sandálias nos remete ao livro do Êxodo 3,5, em que Deus pede a Moisés para tirar as sandálias, pois o lugar que se encontrava era santo.)

Reconhecendo a misericórdia do Pai, entoa-se o Glória, hino antiquíssimo e venerável, pelo qual a Igreja, congregada no Espírito Santo, glorifica e suplica a Deus Pai e ao Cordeiro.

Os ritos iniciais se encerram com a oração que se costuma chamar de "coleta", onde após o convite a oração ("oremos"), todos permanecem em silêncio por alguns instantes, tomando consciência de que estão na presença de Deus e formulando interiormente os seus pedidos e intenções. Depois o que preside diz a oração que segundo antiga tradição da Igreja, costuma ser dirigida a Deus Pai, por Cristo, no Espírito Santo. A assembleia se une à súplica, fazendo sua a oração pela aclamação.

Os ritos iniciais nos preparam para os ritos que acontecerão posteriormente, como veremos no nosso próximo encontro.

Conclusão: O catequista conclui dizendo que a Celebração Eucarística é o momento mais importante de nossa fé, e que devemos participar pelo menos das celebrações dominicais. O catequista poderá perguntar se todos têm participado da Santa Missa e os incentivar a esta prática.

Oração final: O catequista convida todos a se colocarem ao redor da Mesa da Palavra, que estimula os catequizandos a formularem preces e orações para que todos os cristãos tenham consciência e saibam a importância de se aproximarem do Banquete Eucarístico. Conclui rezando o Pai-Nosso e com a oração:

> *Deus Pai criador, olhai com bondade a cada um de nós e ajudai-nos a responder ao se chamado e irmos com alegria ao seu encontro. Por Cristo, nosso Senhor. Amém .*

No final da oração o catequista impõe as mãos sobre a cabeça de cada catequizando e traça o sinal da cruz em sua fronte dizendo:

> *"Que a alegria do Senhor seja sua força ...N..., vai em paz que o Senhor te acompanhe!"*

MATERIAL DE APOIO

- Aprofundar o tema nos parágrafos 1345 a 1419 do Catecismo da Igreja Católica (CIC).
- Seria importante que o catequista lê-se a Instrução Geral do Missal Romano.

O BEIJO NA SAGRADA LITURGIA

Pe. Thiago Faccini Paro

Na Sagrada Liturgia o homem expressa através da linguagem corporal seus sentimentos e convicções acerca das verdades da fé. Na liturgia, o corpo é nossa linguagem fundamental. Sendo assim, em determinados momentos, com o beijo, durante o rito litúrgico o homem expressa de maneira perceptível, o seu interior.

O beijo é um dos gestos universalmente mais usados em nossa vida social. Muitas pessoas se saúdam e se despedem com um beijo. Os vencedores de alguma competição beijam o troféu que conquistaram, bem como os amantes exprimem seus afetos com o beijo. O beijo antropologicamente pode ser um simples cumprimento ou expressão de amor, intimidade, pertença a um determinado grupo, reverência, respeito... Na Bíblia encontramos diversas passagens onde o beijo é sinal de veneração, como em 1 Samuel 10,1 quando Samuel beija Saul recém eleito rei. No Salmo 2,11-12, beijar os pés significa sujeição incondicional. Saudação de paz como vemos em Romanos 16,16; 1 Coríntios 16,20; 2 Coríntios 13,12; 1 Pedro 5,14. Com um beijo Paulo se despede da comunidade de Éfeso (At 20,37).

Na liturgia o beijo é dado ao altar no início pelo presidente da celebração e pelos presbíteros e diáconos concelebrantes e no final, o beijo ao altar é dado somente pelo presidente e pelos diáconos sendo nas duas ocasiões em sinal de veneração, expressando a admiração tida à mesa do Senhor, na qual se celebra a Sua Ceia. No decurso da história, viu-se no altar o próprio Cristo que Paulo compara com a rocha (1Cor 10,4), sendo o beijo dado ao altar, visto como um beijo ao próprio Cristo. O beijo ao altar vai além da celebração eucarística, pois o Cerimonial dos Bispos fala explicitamente do beijo do altar dado pelo bispo também nas vésperas solenes.

Também ao final da proclamação do Evangelho, o ministro beija o evangeliário, como sinal da fé na presença do Cristo que se comunica como a Palavra verdadeira. No passado, o livro dos Evangelhos era beijado também pelos demais ministros e, em alguns lugares, até pelos fiéis.

Ainda na liturgia o beijo é dado, mesmo que hoje com pouca frequência, na saudação da paz, costume antigo e que nos primeiros séculos era chamado "ósculo da paz". É mais que um simples gesto de saudação ou amizade, é um desejo de unidade com Cristo e com os irmãos, que na comunhão constrói um compromisso de fraternidade. Beija-se na sexta-feira santa a cruz no rito de adoração lembrando com carinho o instrumento pelo qual fomos salvos. Os mais piedosos costumam beijar as imagens dos santos.

Enfim, o beijo na liturgia é sinal da nossa fé, e dado com dignidade e autenticidade tem endereço próprio: Cristo, Sacerdote, Altar e Cordeiro de seu sacrifício, Verbo encarnado revelado nas Escrituras e refletido na Igreja, pedras vivas, templos do Espírito Santo.

29º Encontro — O diálogo entre Deus e o homem

Palavra inicial: Amado catequista, no encontro de hoje queremos refletir sobre o diálogo que acontece entre Deus e o homem, durante a liturgia da palavra na celebração da Eucaristia.

Preparando o ambiente: Ambão com toalha da cor do tempo litúrgico, Bíblia, vela, flores e Lecionário Dominical e Ferial.

Acolhida: A medida que os catequizandos vão chegando, o catequista os acolhe saudando-os com a frase: *"Deus nos fala ...N..., seja bem-vindo!"* e os convida a entrarem para o local do encontro.

Recordação da vida: Ao redor da Mesa da Partilha, ou em pé ao redor da Mesa da Palavra, o catequista motiva os catequizandos a fazer um momento de recordação da vida, onde lembrarão fatos e acontecimentos que marcaram a vida de cada um, de suas famílias, comunidade e da sociedade.

NA MESA DA PALAVRA

Oração inicial: Após o momento de recordação da vida, o catequista motiva um momento de oração pedindo o Espírito Santo sobre todos os catequizandos e sobre toda a Igreja.

Ainda em clima de oração, um catequizando dirige-se até o ambão, de onde proclama o texto bíblico. Antes, porém, o catequista poderá convidar a todos para cantar aclamando o santo Evangelho.

Leitura do texto bíblico: Jo 1,14-18.

Depois de um momento de silêncio o catequista lê o texto novamente, bem devagar, destacando alguns pontos.

"E a Palavra se fez carne e habitou entre nós..."

Todos se dirigem para a Mesa da Partilha.

NA MESA DA PARTILHA

Ao redor da Mesa da Partilha, o catequista incentiva os catequizandos a reconstruírem o texto bíblico. Depois pedir aos catequizandos para abrirem suas Bíblias na passagem proclamada na Mesa da Palavra, e convidá-los a uma leitura silenciosa, observando algum detalhe não comentado na reconstrução do texto. Se houver algo, todos podem partilhar.

O catequista salienta que a Palavra, é o próprio Deus, o Verbo encarnado: Jesus Cristo. A Bíblia é apenas um livro se deixar de ser lida e meditada, porém, quando proclamado cada capítulo e versículo, e assumido por cada fiel, a comunidade torna-se o próprio Deus a nos falar.

Na Sagrada Liturgia, o próprio Deus nos reúne, para através de um diálogo amoroso, nos comunicar a Boa Notícia que nos orienta, nos liberta e dá vida. Diálogo este, evidenciado na Liturgia da Palavra, quando são lidas e explicadas as Sagradas Escrituras.

Na Liturgia da Palavra, iniciamos com um discurso descendente, ou seja, Deus que por meio do leitor fala ao seu povo através da primeira leitura, salmo responsorial, segunda leitura, aclamação ao Evangelho, Evangelho e homilia e nós neste discurso, somos os ouvidos que ouvem atentos a Sua voz. Ouvir significa estar consciente, significa meditar e guardar no coração, fazendo-a germinar e crescer. São Jerônimo (+ 420) dizia: "Quando participamos da eucaristia, tomamos cuidado para que nem uma migalha se perca. Quando ouvimos a Palavra de Deus, quando a Palavra de Deus é dada aos nossos ouvidos e nós, então, ficamos pensando em outras coisas, que cuidado tomamos? Leiamos, pois, as Santas Escrituras! Dia e noite cavemos cada sílaba. Alimentemo-nos da carne de Cristo, não somente na Eucaristia, mas na leitura das Escrituras".

Neste sentido, os leitores são boca de Deus, são os responsáveis em distribuir a Palavra. Sendo assim, não há necessidade de dizer o nome da pessoa que irá proclamar o texto bíblico, pois estão aí para prestar um serviço (ministério) à comunidade. Quem deve aparecer é Cristo, Ele é o centro, o protagonista de toda ação litúrgica. Deve-se tomar o cuidado também com a preparação dos leitores, bem como com suas vestes e o local destinado a proclamação da Palavra.

Conscientes da Palavra, nós que o ouvimos, respondemos com um discurso ascendente, suplicando e pedindo por meio do símbolo da fé (credo) e pela prece dos fiéis. De pé, renovamos o nosso compromisso de pautar nossa vida na Palavra do Senhor, aguardando a plena realização do seu Reino. Ainda, suplicando e pedindo, apresentamos nossas necessidades, angústias, dores e desejos, expressando também a nossa esperança e o clamor de tantas pessoas que confiam e esperam em Deus.

Esta dinâmica poderá ser mais bem compreendida pelo gráfico que se encontra no "material de apoio", no final deste encontro, o qual poderá ser ampliado e utilizado durante a explicação. Esta dinâmica exprime a relação entre Deus, que chama através da sua Palavra e o homem que responde, sabendo claramente que não se trata de um encontro de dois contraentes iguais. Deus, por meio do seu amor, torna-nos verdadeiros parceiros, tornando-nos capazes de escutar e responder à Palavra divina e, por graça, somos verdadeiramente chamados a configurar-nos com Cristo, e a ser transformados n'Ele (VD 22).

Conclusão: O catequista conclui dizendo que o "ambão" ou "Mesa da Palavra", é o lugar de onde se proclamam os textos bíblicos, na qual durante a celebração, enquanto estiverem sendo proclamados as leituras bíblicas a nossa atitude deve ser de escuta atenta a voz do leitor e olhos fixos nele.

Por fim, poderá apresentar o Lecionário Dominical e Ferial, dizendo ser alguns dos livros litúrgicos que contém ordenadamente as leituras proclamadas durante os dias de semana (ferial) e nas celebrações dominicais (dominical). Poderá passar para os catequizandos folhearem e conhecerem.

Oração final: O catequista convida todos a se colocarem ao redor da Mesa da Palavra onde estimula os catequizandos a formularem preces e orações para que a Palavra de Deus nunca deixe de ser proclamada e nunca deixe de encontrar terreno fértil para crescer. Conclui com o Pai-Nosso e com a oração:

> *Deus de misericórdia, fazei que toda Palavra lançada entre os homens encontre terreno fértil para crescer e produzir muitos frutos. Por Cristo, nosso Senhor. Amém.*

No final da oração, o catequista impõe as mãos sobre a cabeça de cada catequizando e traça o sinal da cruz em sua fronte dizendo:

> "Deixai a Palavra germinar em seu coração ...N..., vai em paz que o Senhor te acompanhe!"

MATERIAL DE APOIO

- Será muito importante que o catequista pudesse ler a Introdução ao Lecionário.
- Gráfico para compreender a Dinâmica da Liturgia da Palavra[3]

---

[3] Para um maior aprofundamento e entendimento sobre a dinâmica da Liturgia Eucarística sugere-se o estudo: GIRAUDO, Cesare. Num Só Corpo. Loyola. São Paulo:2003. p. 555.

A MESA DA PALAVRA: "TOMA E COME"

Pe. Thiago Faccini Paro

"Ai de mim, se eu não anunciar o Evangelho!" (1 Cr 9,16). A Igreja, em sua Missão Evangelizadora, recebeu a tarefa de anunciar a Boa-Nova de Jesus Cristo, de comunicar e testemunhar o seu amor a humanidade. Anúncio este que seria praticamente impossível sem uma intima relação com as Sagradas Escrituras.

Seguindo antiga tradição, como nos afirma o Concílio Vaticano II, "A Igreja sempre venerou as Escrituras, como também o próprio corpo do Senhor, sobretudo na Sagrada Liturgia, nunca deixou de tomar e distribuir aos fiéis, da mesa tanto da palavra de Deus como do corpo de Cristo, o pão da vida" (DV 21). E ainda, "as duas partes de que se compõe de certa forma a Missa, isto é, a liturgia da palavra e a liturgia eucarística estão tão estritamente unidas que formam um só culto" (SC 56). Sem dúvida a celebração Eucarística, como nos afirma os documentos conciliares, expressão muito bem, a importância e dignidade que as Sagradas Escrituras têm para a Igreja e para a vida da comunidade. Na liturgia, a Palavra de Deus é celebrada. Celebração memorial, ou seja, Palavra que acontece (atualizada) na assembleia.

Diante de tal importância, a Instrução Geral do Missal Romano (IGMR n. 309), nos diz que, "a dignidade da Palavra de Deus requer na igreja um lugar condigno de onde possa ser anunciada e para onde se volte espontaneamente a atenção dos fiéis no momento da liturgia da Palavra." Trata-se da Mesa da Palavra, ou Ambão.

O lugar da Palavra, de forma privilegiada pertence à revelação judaico-cristã. O ambão não tem precedentes em outras religiões. Já no Antigo Testamento, no livro de Neemias (8,2-3), encontramos a citação de um local preparado para a proclamação da Palavra.

Etimologicamente "ambão" deriva do grego *anabáiano* = subir (porque costuma estar em posição elevada de onde Deus fala), ou *ambio* = entrar, adentrar, ou ainda ambo, porque tem escada dos dois lados, uma para subir e outra para descer. Também foi chamado de *analogoium*, de anà e logos, porque do alto se lê e do alto se fala, ou porque se anuncia a palavra que vem do alto. Foi chamado também de *pyrgos*, porque elevado como uma torre e finalmente "púlpito", porque a palavra é dirigida ao público.

No decorrer dos séculos muitos simbolismos e significados foram dados ao ambão. Bem como diversas conotações dentro do espaço celebrativo. Era colocado na direção leste, lembrando o nascer do sol. Já foi colocado tendo em vista o posicionamento da assembleia que era dividida entre homens e mulheres. Os homens ficavam situados no lado norte e as mulheres no lado sul. O ambão era colocado no lado sul, pois, a partir de Eva, temos o pecado e na Ressurreição as mulheres se tornam as primeiras testemunhas, recebem o anúncio do anjo. Ainda colocado do lado esquerdo de quem entra na igreja, representado o lado do coração, terreno fértil que acolhe a Palavra de Deus. Alguns textos bíblicos são simbolizados no ambão como Mc 16,1-4 que narra a ida das mulheres ao sepulcro. Elas encontram a pedra do túmulo removida e o anjo que lhes anuncia a ressurreição. O ambão é o ícone espacial deste texto evangelico, pois o diácono é o anjo que na vigília pascal sobe ao ambão e proclama a ressurreição. Em Jo 2,41-42, onde fala que no local do sepulcro havia um jardim, jardim este entendido não só como o Jardim da Ressurreição, mas como o jardim do paraíso. Jesus é o novo Adão que reconquista a vida que perdemos pelo pecado do primeiro homem. Esta iconografia era encontrada nos ambões que em muitos casos eram decorados com flores, plantas, pássaros e figuras femininas das miróforas (mulheres fiéis ao Senhor que, ao amanhecer do dia da Páscoa, foram ao sepulcro levando aromas preciosos para completar o ritual do sepultamento). O espaço da Palavra era e é visto como o "tumulo vazio", como "jardim", como "lugar alto" do anúncio da Páscoa do Senhor.

Infelizmente no decorrer da história a Bíblia foi tirada da mão do povo, e o espaço da Palavra ficou esquecido, a ponto de no segundo milênio da fé cristã nem existir em algumas construções. A Sagrada escritura era lida nas celebrações, mas somente pelo padre, em latim e em voz baixa. O Concílio vaticano II recupera a tradição do primeiro milênio, que a valorizava, tanto quanto a Eucaristia. O respeito que se tinha pela Palavra era tão grande que o Livro Sagrado, especialmente os Evangelhos, em muitos lugares eram guardados em custódias, semelhante ao sacrário.

Hoje, não se pode mais conceber um espaço litúrgico, sem a Mesa da Palavra, que deve ser única, assim como a Palavra de Deus é única. Ao falar deste espaço a Instrução Geral do Missal Romano (IGMR) n. 309, afirma que "de modo geral, convém que esse lugar seja uma estrutura estável e não uma simples estante móvel. O ambão seja disposto de tal modo em relação à forma da Igreja que os ministros ordenados e os leitores possam ser vistos e ouvidos facilmente pelos fiéis". Podemos dizer ainda, que o ambão seja feito do mesmo material do altar e da cadeira da presidência, destacando assim os espaços em que Cristo se manifesta. Que o mesmo detalhe e beleza artística contemplem as três peças e que sendo o ambão, bonito e digno, não há a necessidade de cobri-lo com toalhas e escondê-lo atrás de flores. Deixe que o ambão apareça, que evoque por si só, o mistério da presença do Senhor.

A IGMR diz ainda: "Do ambão sejam proferidas somente as leituras, o salmo responsorial e o precônio pascal; também se podem proferir a homilia e as intenções da oração universal ou oração dos féis. A dignidade do ambão exige que a ele suba somente o ministro da Palavra" (309). É importante frisar que os avisos, comentários etc, sejam feitos de outro lugar. Se houver necessidade de uma estante para o "comentarista", a mesma deve ser diferente do ambão, nunca uma peça igual, de *preferência móvel, e bem discreta, colocada fora do presbitério.*

O ambão, portanto, é o ícone espacial que antecipa e permanece na igreja como sinal do anuncio da boa nova de Jesus, Palavra do Pai, como salienta a oração de benção do ambão: "Ó Deus, que, por excesso de amor, vos dignais falar-nos como a amigos, concedei-nos a graça do Espírito Santo, para que, experimentando a doçura da vossa Palavra, nos enriqueçamos com a eminente ciência do vosso Filho" [4]. Que a Palavra de Deus ressoe sempre em nossos templos; que ela nos revele o mistério de Cristo e opere na Igreja a salvação[5].

---

4 CNBB. Ritual de Bênçãos. São Paulo: Paulus, 1990. p.330-334.
5 CNBB. Ritual de Dedicação de Igreja e Altar. São Paulo: Paulinas, 1984. p. 35.

30º Encontro — A dinâmica da Prece Eucarística

Palavra inicial: Com este encontro queremos refletir com nossos catequizandos sobre a Oração Eucarística.

Preparando o ambiente: Ambão com toalha da cor do tempo litúrgico, Bíblia, vela e flores. Se possível, pão ázimo e vinho.

Acolhida: O catequista acolhe os catequizandos, saudando-os carinhosamente com a frase: *"Deus nos dá o Pão do Céu ...N..., seja bem-vindo!"*. Quando todos estiverem na sala, saúda a todos mais uma vez, desejando-lhes boas-vindas.

Recordação da vida: Após serem acolhidos, convide-os a se colocarem ao redor da Mesa da Partilha, ou em pé ao redor da Mesa da Palavra, onde farão uma retrospectiva da semana, e o catequista poderá recordar o encontro anterior. Poderão destacar, ainda, os acontecimentos importantes que possam ter ocorrido na vida da comunidade.

NA MESA DA PALAVRA

Oração inicial: O catequista motiva um momento de oração, criando um clima de espiritualidade para o início do encontro e para a proclamação da Palavra. Poderá ser invocado o Espírito Santo, cantando ou rezando.

O catequista convida a todos a cantar aclamando o Santo Evangelho. Em seguida, um catequizando escalado previamente, dirige-se até o ambão, de onde proclama o texto bíblico.

Leitura do texto bíblico: Lc 22, 14-20.

Depois de um momento de silêncio, o catequista lê o texto novamente, bem devagar, destacando alguns pontos.

> "...tomando um pão, deu graças, partiu-o e deu-lhes dizendo: Isto é o meu corpo [...] fazei isto em memória de mim..."

Todos se dirigem para a Mesa da Partilha.

NA MESA DA PARTILHA

O catequista pede para os catequizandos falarem sobre o que entenderam da passagem bíblica desse encontro. Depois pedir aos catequizandos para abrirem suas Bíblias na passagem proclamada na Mesa da Palavra, e convidá-los a uma leitura silenciosa, observando algum detalhe não comentado na reconstrução do texto. Se houver algo, todos podem partilhar.

O catequista situa os catequizandos, dizendo que os versículos que acabamos de ler fazem parte das palavras e ações de Jesus durante a "Última Ceia" com os discípulos, no qual nos deixa um mandato: *"Fazei isto em memória de mim!"*. A cada Celebração Eucarística, portanto, fazemos aquilo que Jesus mandou fazer.

Atos de Jesus		Estrutura da Liturgia Eucarística
1.	Tomou o pão/vinho	⟶ Preparação das oferendas
2.	Deu graças	⟶ Prece Eucarística
3.	Partiu e deu aos seus discípulos	⟶ Rito da Comunhão

Na "preparação das oferendas", levamos até o altar o pão e o vinho que serão consagrados, além de esmolas que serão destinados aos pobres.

A "Oração Eucarística" ou "Cânon" ou ainda "Anáfora" como é conhecida na grande tradição litúrgica do Oriente, é uma grande "oração de aliança" por ter uma estrutura semelhante aos tratados de aliança do Oriente Médio antigo e que serviram de inspiração para os textos bíblicos da aliança entre Deus e seu povo.

Como todo tratado, supõe dois parceiros, duas partes, neste caso: Deus e o seu povo. Neste tratado é selado um pacto, um contrato do qual emana deveres e direitos de ambas as partes. Porém na relação homem e Deus, a humanidade não pode fazer exigências e nem apresentar méritos diante de Deus. O discurso de aliança, da parte do homem só pode ser recordação da misericórdia divina e súplica humilde e confiante nas promessas da aliança.

Neste sentido, o homem inicia o discurso recordando os grandes feitos de Deus em favor de seu povo, sua fidelidade diante das infidelidades humanas e, recordando-o, louva, bendiz, dá graças a Deus por tanta bondade e misericórdia. Baseado na sempre renovada fidelidade de Deus, ousa-lhe ainda apresentar-lhe súplicas. Como ponto central, suplica o Espírito Santo sobre as espécies eucarísticas e esta súplica se completa pela súplica sobre todos os comungantes, pedindo o envio do Espírito para fazer da comunidade reunida o corpo eclesial de Cristo. A súplica sobre os comungantes se prolonga e se explicita nas intercessões. Enquanto a súplica sobre os comungantes tinha presente apenas aqueles que agora participam da eucaristia, as intercessões estendem o pedido pela unidade do corpo eclesial de Cristo a todos os demais segmentos da Igreja (a Igreja hierárquica, a Igreja no mundo, a Igreja dos santos, a Igreja dos defuntos...) e dos quais convergem na grande aclamação de toda a assembleia: o "amém" como parte da grande doxologia. A doxologia é do padre e o amém é uma aclamação de todos os fiéis celebrantes.

Nessa grande dinâmica da Prece Eucarística temos, portanto, primeiramente um discurso ascendete: nós (celebrantes) que falamos a Deus pela boca do presidente através da Oração Eucarística e Deus ouvidos que escutam os louvores e clamores do seu povo e que numa resposta descendente nos dá o "pão do céu" e nós celebrantes, somos boca que recebe o Corpo e Sangue de Cristo (comunhão sacramental). Esta dinâmica poderá ser mais bem compreendida pelo gráfico que se encontra no "material de apoio", no final deste encontro, o qual poderá ser ampliado e utilizado durante a explicação.

Em algumas comunidades, criou-se o costume de introduzir aclamações devocionais, bem como toques de sinos e campainhas depois da consagração. São introduções impróprias, pois diante da presença de Deus, tudo cala. O silêncio é o máximo da contemplação que podemos fazer, nada mais que isso. Além do mais, a aclamação que se faz na consagração é sempre anúncio da salvação de Cristo e súplica para que venha em sua segunda vinda. "Anunciamos, Senhor, a vossa morte e proclamamos a vossa ressurreição. Vinde, Senhor Jesus"(Oração Eucarística II).

Ao concluir a Prece Eucarística, o presidente convida todos a rezar a oração do Pai-Nosso e ao ósculo da paz. O pão é repartido e distribuído a todos os fiéis: a comunhão.

Conclusão: O catequista conclui dizendo a importância de se aproximar da mesa para o Banquete Eucarístico, bem como o zelo que se deve ter com o Corpo e Sangue de Cristo.

Oração final: O catequista convida todos a se colocarem ao redor da Mesa da Palavra e os motiva a ficar um tempo em silêncio, lembrando de tantos homens e mulheres que consagram a sua vida ao serviço do Evangelho, depois os orienta a rezarem a oração pelas vocações. Conclui com o Pai-Nosso e com a oração:

> *Deus nosso Pai, que celebrando a Eucaristia renovemos a cada dia a grande aliança selada pela morte e ressurreição de Cristo. Que seu sangue e água, derramados no alto da cruz, nos lave e nos purifique e nos conduza a vida eterna. Por Cristo, nosso Senhor. Amém.*

No final da oração, o catequista impõe as mãos sobre a cabeça de cada catequizando e traça o sinal da cruz em sua fronte, dizendo:

> "Alimentai-vos da Eucaristia ...N..., vai em paz, o Senhor está contigo!"

MATERIAL DE APOIO

- Aprofundar o tema nos parágrafos 1356 a 1419 do Catecismo da Igreja Católica (CIC).
- Gráfico para compreender a Dinâmica da Liturgia Eucarística[6]

Deus Pai, ouve o que falamos.	Deus Pai sacia-nos dano o pão do céu.
↑ Discurso ascendente — Oração Eucarística ou Cânon ou Anáfora	Comunhão Sacramental ↓ Discurso descendente
Nós, povo de Deus, falamos por meio do padre que preside a celebração.	Nós, povo de Deus, recebemos a Eucaristia, o Corpo de Cristo.

---

6 Para um maior aprofundamento e entendimento sobre a dinâmica da Liturgia Eucarística sugere-se o estudo: GIRAUDO, Cesare. Num Só Corpo. Loyola. São Paulo:2003. p. 555.

A PREPARAÇÃO DAS OFERENDAS E O OFERTÓRIO

Pe. Thiago Faccini Paro

Tem-se o costume de chamar o momento da preparação das oferendas de "ofertório". Mas qual será o momento do verdadeiro "ofertório" dentro da Santa Missa e o que ofertamos a Deus?

Na Santa Missa, a única e perfeita oferenda a ser oferecida a Deus é o próprio Corpo e Sangue de Cristo, o único sacrifício agradável a Deus. O verdadeiro ofertório é na prece eucarística quando o presidente (padre ou bispo) diz: "celebrando, pois, a memória da morte e ressurreição do vosso Filho, nós vos oferecemos, ó Pai, o pão da vida e o cálice da salvação; e vos agradecemos porque nos tornastes dignos de estar aqui na vossa presença e vos servir." (Oração Eucarística II). Oferecemos "ao Pai, no Espírito Santo, a hóstia imaculada" (Instrução Geral do Missal Romano, 55).

"No início da liturgia eucarística são levadas ao altar as oferendas que se converterão no Corpo e Sangue de Cristo" (IGMR 49), ou seja, a procissão que antecede a prece eucarística não é ofertório, mas sim a sua preparação. Portanto leva-se até ao altar o pão e o vinho que serão consagrados. Vale frisar que leva-se aquilo que será utilizado no "ofertório". Sendo assim, não há sentido levar na procissão das oferendas aquele pão bonito comprado na padaria e nem aquela jarra, que muitas vezes se coloca suco de uva artificial, para imitar o vinho. Para que levar isso, se não terão utilidade dentro da Missa? Enfeite? Não! Tudo deve ser verdadeiro e ter que ter uma utilidade para o rito.

Além disso, é preciso tomar o cuidado com outros sinais que são apresentados na preparação das oferendas (livros, cartaz, imagens de santos etc). Esses podem ser levados na procissão inicial ou durante a "recordação da vida", feito após a saudação do presidente e antes do ato penitencial. Ai é momento de fazer memória da caminhada da comunidade, da festa celebrada. É o momento de recordar a vida da comunidade, a sua história e os motivos da reunião para a Fração do Pão.

Mas o que levar na procissão de preparação das oferendas, além do pão e vinho que serão consagrados? "Também são recebidos o dinheiro ou outro donativos oferecidos pelos fiéis para os pobres ou para a igreja, ou recolhidos no recinto dela; serão, no entanto, colocados em lugar conveniente, fora da mesa eucarística" (IGMR 49). É o nosso gesto concreto, é a Igreja que comunga do Corpo e Sangue de Cristo, mas que pensa e cuida do corpo eclesial e social, dos pobres. Que bonito seria, algumas vezes ser proposto a comunidade levar alimentos não perecíveis aos pobres durante a procissão das oferendas e colocados num cesto próximo ao altar.

O cálice e as ambulas vazias, corporal, sanguíneos etc, podem ficar na credencia, e levados pelos acólitos e ministros com discrição para o altar. Na procissão das oferendas, um prato grande, com muitas partículas ou pão ázimo e vinho em abundancia que possa ser visto por todos e colocados sobre o altar, tornar-se-ão Corpo e Sangue de Cristo, sacrifício instituído na Última Ceia, memória de sua paixão e gloriosa ressurreição e ascensão aos céus.

A Igreja, em particular a assembleia reunida, realizando esta memória, deseja que os fiéis não apenas ofereçam a hóstia imaculada, mas aprendam a oferecer-se a si próprios, e se aperfeiçoem, cada vez mais, pela mediação do Cristo, na união com Deus e com o próximo, para que finalmente Deus seja tudo em todos (IGMR 55).

FRAÇÃO DO PÃO

Pe. Thiago Faccini Paro

"Do mesmo modo ao fim da ceia, ele tomou o pão, deu graças, partiu e o deu aos seus discípulos". O gesto de partir o pão é um dos ritos mais expressivos e significativos da celebração litúrgica. Gesto este, feito pelo próprio Cristo que nos mandou fazer do mesmo modo.

A Última Ceia com Cristo toma uma nova orientação, nos ritos judaicos, experimentam a presença do mistério de Cristo. O referencial não é mais a páscoa do Egito, mas é o próprio Jesus Cristo. O único pão, que é repartido e dado como alimento a todos. "O cálice da bênção, que abençoamos, não é comunhão com o sangue de Cristo? E o pão que partimos não é comunhão com o corpo de Cristo? Porque há um só pão, nós, embora muitos, somos um só corpo, pois todos nós participamos desse único pão" (1Cor 11,16-17).

Na cena narrada em Lc 24,13-35, os discípulos de Emaus, reconhecem o Senhor ao partir o pão. Como na tradição judaica da "beraká" (benção), o rito ficou tão impregnado na vida da comunidade que nascia, a ponto de ser o primeiro nome dado a celebração eucarística: "Fração do pão".

A fração do pão, é tão significativa que ganhou um refrão próprio durante a sua execução: o "Cordeiro de Deus", que para acompanhar a fração do pão, pode-se repetir quantas vezes for necessário, terminando-se sempre com as palavras "dai-nos a paz" (IGMR 56). Porém, infelizmente em algumas ocasiões, este rito ficou ofuscado pelo canto do abraço da paz. Certamente recomendamos ao escolher entre cantar o abraço da paz e o cordeiro, que se cante a invocação Cordeiro de Deus, ou ainda, se os dois momentos forem cantados, que se faça distinção entre as melodias, nunca emendando um canto ao outro.

Que o presidente da celebração, ao partir o pão, não o faça no momento da Oração Eucarística, pois a Liturgia entende que Cristo partiu o pão em vista da distribuição, na comunhão, e não para consagrar o pão. Além disso, o padre não faz teatralização, mas proclamação memorial. Portanto que o gesto de partir a hostia seja feito com calma e visto por todos antes da distribuição da comunhão.

Que bom seria, se verdadeiramente o pão a ser consagrado, tivesse forma e gosto de pão e que o presidente da Eucaristia não tivesse um pão separado numa patena, mas que em um único prato, estivesse pão suficiente e dai, fosse distribuido a todos os fiéis, mostrando com sinais sensiveis o único pão que é repartido a todos.

Sendo assim, o gesto de partir o pão, realizado por Cristo na Última Ceia, e que deu o nome a toda ação eucarística na época apostólica, não possui apenas uma razão prática, mas significa que nós, sendo muitos, pela comunhão do Único Pão da Vida, que é Cristo, formamos um único corpo, a Igreja. (IGMR 56).

31° Encontro

Um só pão, um só corpo
(OFICINA DO PÃO)

Palavra inicial: Nesse encontro, queremos com nossos catequizandos amassar farinha de trigo e água para verem como se faz o pão eucarístico, ensinando-os a mística que o envolve, bem como compreenderem que a Eucaristia nos faz um só corpo: a Igreja.

Preparando o ambiente: Ambão com toalha da cor do tempo litúrgico, vela, flores. Para confecção do pão: 1 copo (200ml) e meio de farinha de trigo, 1 copo (200ml) menos um dedo de água morna e bacia. Levar 1 pão já assado para mostrar como ficou e para partilhar com os catequizandos, para comerem.

Acolhida: O catequista acolhe os catequizandos saudando-os com a frase: *"Deus usa de sinais e símbolos para nos falar ...N..., seja bem-vindo!"* e os conduz para dentro da sala. Quando já estiverem na sala, saúda a todos mais uma vez, desejando-lhes boas-vindas.

Recordação da vida: Após serem acolhidos, ao redor da Mesa da Partilha, ou em pé ao redor da Mesa da Palavra, fazer uma retrospectiva da semana, para o que o catequista poderá perguntar sobre o encontro anterior.

NA MESA DA PALAVRA

Oração inicial: O catequista motiva um momento de oração, criando um clima de espiritualidade para o início do encontro e para a proclamação da Palavra.

Um catequizando dirige-se até o ambão, de onde proclama o texto bíblico.

Leitura do texto bíblico: 1Cor 10,16-17.

Depois de um momento de silêncio, o catequista lê o texto novamente, bem devagar, destacando alguns pontos.

> *"...uma vez que há um só pão, nós formamos um só corpo, embora sejamos muitos, pois todos participamos do mesmo pão."*

Todos se dirigem para a Mesa da Partilha.

NA MESA DA PARTILHA

O catequista pede para os catequizandos falarem sobre o que entenderam da passagem bíblica desse encontro. Depois pedir aos catequizandos para abrirem suas Bíblias na passagem proclamada na Mesa da Palavra, e convidá-los a uma leitura silenciosa, observando algum detalhe não comentado na reconstrução do texto. Se houver algo, todos podem partilhar.

O catequista diz que todos nós, que fomos batizados, formamos o corpo de Cristo, a Igreja. O pão que recebemos na comunhão é o próprio Cristo, que se dá em alimento a sua Igreja. Porém, se eu não vivo a fé e dela não compartilho com os irmãos e irmãs, colocando meus dons a serviço, receber a comunhão do Corpo e Sangue de Cristo se torna algo vazio e sem sentido. O pão consagrado é símbolo disso.

O catequista pergunta aos catequizandos se eles sabem do que é feito o pão que é distribuído na comunhão e como é feito. Depois o catequista diz que é um pão sem fermento, chamado de "pão ázimo" e convida os catequizandos a fazerem um. Antes, porém, de colocarem a "mão na massa", explica-lhes que este não é um pão qualquer, mas um pão que será consagrado e se tornará o corpo de Jesus, para isto, deve ser feito com muito respeito e oração.

"Oficina do pão": O catequista poderá perguntar se algum dos catequizandos quer amassar o pão. Pede para lavar bem as mãos. Apresenta os ingredientes: farinha de trigo e a água morna e convida todos a rezarem. Poderá ser feita a oração a seguir, onde o catequista irá falando devagar e os catequizandos repetirão as frases da oração.

Oração para antes de fazer o Pão

Bendito sejas tu Senhor, Pai nosso.
Deus Santo, Rei eterno,
que por tua bondade
hás feito surgir o trigo da terra.

Faz Senhor, que como esta farinha
Estava antes espalhada por aqui e por ali,
sobre as colinas, e recolhidas
se fará uma só coisa neste pão
que eu sou indigno de fazer,
assim seja recolhida tua Igreja em teu Reino,
desde os confins da terra
porque tua é a glória
e o poder pelos séculos dos séculos.

O catequizando escolhido, com a ajuda do catequista despeja a farinha na bacia e aos poucos irá colocando a água e misturando até ficar na consistência própria de pão, sem grudar nos dedos. O Ideal seria ao menos 20 minutos, porém por causa do tempo e de se tratar apenas de uma catequese, este tempo poderá ser reduzido. Enquanto o pão é sovado poderá rezar algumas orações ou recitado algum salmo ou cântico.

O catequista abre a massa e com a ajuda de uma faca sem ponta, risca o pão conforme o desenho que está no "material de apoio" no final deste encontro. Depois diz aos catequizandos que o pão é colocado no forno e assado por alguns minutos.

O catequista mostra o pão, depois de assado. Poderá aproveitar a oportunidade e dinamizar este momento perguntando o que eles estão vendo. Irão dizer que é um pão. O catequista então poderá dividi-lo e dar um pedaço a cada um, e depois perguntar onde está o pão. Irão dizer que está um pedaço na mão de cada um. Então poderá pedir para que o comam. Após comerem, perguntará novamente onde está o pão e irão dizer que o comeram, estão "dentro" deles. O catequista diz o que precisa fazer para ter o pão de volta... Dirá que é preciso que todos se juntem e formem uma só corpo. Poderá dizer então, que assim como o pão que comemos está dentro de cada um de nós, assim também Cristo se faz presente ao comungarmos do pão e do vinho, Corpo e Sangue de Cristo, porém este

Cristo só se torna presente e visível, quando todos os comungantes se unem num só corpo, formam a Igreja. Assim devemos também nós, recebermos a Eucaristia com a consciência de que formamos a Igreja, corpo de Cristo, colocando nossos dons a serviço uns dos outros.

Conclusão: O catequista poderá orientar como cada catequizando procederá ao receber a Eucaristia a partir da celebração da "primeira comunhão". As palavras de de São Cirilo de Jerusalém (+ 386) em uma de suas catequeses poderá ser recordada:

> "Quando vieres para receber a comunhão, não venha com as palmas das mãos abertas, nem com os dedos separados, mas coloca a mão esquerda sobre a direita fazendo um trono que deve receber o rei. Recebe o corpo de Cristo na cavidade da tua mão e responde: 'amém'.
>
> Depois de haver santificado os teus olhos vendo o santo Corpo, come-o cuidando para que nada se perca. Se perdes um pouco, deves considerar tal perda como uma amputação de um de teus membros.
>
> Diga-me, se alguém te desse um fragmento de ouro, não o cuidarias, fazendo bem em não perder algum pedaço ou causar-lhe dano?
>
> Não estarei portanto muito mais atento para não perder nada daquilo que é mais precioso que o ouro e as pedras preciosas?"

O catequista deverá recorrer ao costume de cada comunidade para orientar os catequizandos, principalmente se a comunhão for sob as duas espécies. Não esquecer de falar do importante diálogo e momento de oração que deverá ser feito durante a comunhão.

A dúvida sobre a diferença deste pão e das hóstias tradicionalmente utilizadas em nossas comunidades poderá surgir, sendo assim, explicar-lhes que as hóstias também são feitas de farinha e água, porém, tem uma durabilidade maior, podendo ser conservadas no sacrário por mais tempo, além de facilitar a distribuição em celebrações com grande número de fiéis. Porém, a forma nem sempre evidenciam a aparência e o gosto de pão. Sendo aconselhado, sempre que possível, a confecção artesanal do pão ázimo, onde todos poderão de fato comê-lo (mastigá-lo).

Oração final: Ao redor da Mesa da Palavra, o catequista pode incentivar os catequizandos a fazer orações e agradecimentos. Rezar o Pai-Nosso e concluir com a oração:

> *Senhor nosso Deus, que ao recebermos o Corpo e Sangue de Cristo, possamos nos fortalecer e nos unir na construção da Igreja, colocando nossos dons a serviço uns dos outros. Amém!*

No final da oração, o catequista impõe as mãos sobre a cabeça de cada catequizando e traça o sinal da cruz em sua fronte dizendo:

> *"...N..., como membros do único corpo, vai em paz, que o Senhor te acompanhe! Amém."*

MATERIAL DE APOIO

- Após a confecção do pão, o catequista poderá riscar, com uma faca sem ponta, o desenho como no modelo, mostrando que não é um pão qualquer, mas um pão que será o corpo do Senhor. As doze cruzes simbolizam os discípulos (nós) por quem Cristo (cruz grande no centro) se entregou na cruz.

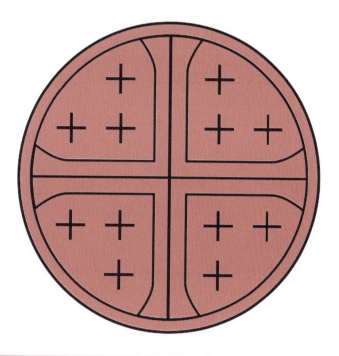

32° Encontro
Gestos e posturas na Celebração Eucarística

Palavra inicial: Prezados catequistas, mais do que falar a hora de sentar e de levantar na celebração da Eucaristia, queremos que os catequizandos tenham consciência de cada atitude e gesto feito durante celebração.

Preparando o ambiente: Ambão com toalha da cor do tempo litúrgico, Bíblia, vela, flores.

Acolhida: O catequista acolhe os catequizandos, saudando-os com a frase: *"O nosso corpo fala ...N..., seja bem-vindo!"* e os conduz para dentro da sala. Quando já estiverem na sala, saúda a todos mais uma vez, desejando-lhes boas-vindas.

Recordação da vida: Ao redor da Mesa da Partilha, ou em pé ao redor da Mesa da Palavra, os catequizandos farão uma retrospectiva da semana, destacando os acontecimentos e fatos importantes que possam ter ocorrido na vida da comunidade.

NA MESA DA PALAVRA

Oração inicial: Em clima de oração e recolhimento, o catequista motiva a oração invocando o Espírito Santo, rezando ou cantando.

Um catequizando dirige-se até o ambão, de onde proclama o texto bíblico.

Leitura do texto bíblico: 1Tm 2,8-10.

Depois de um momento de silêncio, o catequista lê o texto novamente, bem devagar, destacando alguns pontos.

> *"...os homens orem em todo lugar, levantando as mãos santas, sem ira nem discussões. [...] as mulheres usem roupas decentes; enfeitem-se com recato e modéstia..."*

Todos se dirigem para a Mesa da Partilha.

NA MESA DA PARTILHA

Reconstruir o texto bíblico. Depois pedir aos catequizandos para abrirem suas Bíblias na passagem proclamada na Mesa da Palavra, e convidá-los a uma leitura silenciosa, observando algum detalhe não comentado na reconstrução do texto. Se houver algo, todos podem partilhar.

O catequista situa os catequizandos dizendo que Paulo, orientando os membros das comunidades, escreve falando que a posição do corpo reflete o que nossa mente e coração dizem na oração. Além de orientar sobre as roupas que devem ser simples e dignas diante da ocasião celebrada.

Na Bíblia, são inúmeras as posições do corpo do ser humano diante de Deus. O corpo comunica, revela os nossos sentimentos, coisas que não conseguiríamos com as palavras.

Sendo assim, na liturgia os nossos gestos e postura corporal revelam a importância e significado dos ritos celebrados, bem como a espiritualidade que os envolve. São inúmeros os gestos e posturas: estar de pé, sentados, de joelhos, fazer genuflexão e inclinações, elevar os braços etc. O significado de cada um pode variar de pessoa para pessoa e da região em que a comunidade se encontra.

Mais importante do que o momento em que cada gesto deve ser feito é atribuir conscientemente um significado a cada um deles, para que ao nos reunirmos para celebrar, estes nos ajudem e nos façam nos aproximar do mistério celebrado.

O catequista poderá dizer alguns significados de posições do corpo e gestos, bem como o momento em que se costuma executa-los na Santa Missa e em outros sacramentos. A leitura dos números 20 a 23 e 232 a 236 da Instrução Geral do Missal Romano poderá ajudá-los neste trabalho.

Conclusão: O catequista conclui motivando os catequizandos a tomarem consciência do próprio corpo, respirando e inspirando profundamente, erguendo as mãos para o alto e tentando tocar, com as mãos, a ponta do dedo dos pés. Dizer que o nosso corpo fala, se comunica. Que saibamos usá-lo para nos comunicar com Deus e com os irmãos e irmãs, como parte deste grande corpo que é a Igreja.

Frisar a importância do silêncio. Deus fala quando tudo se cala.

Oração final: Ao redor da Mesa da Palavra, o catequista motiva os catequizandos a formularem orações, preces e pedidos a Deus por toda a Igreja. Poderá encerrar com o Pai-Nosso e com a oração:

> *Senhor nosso Deus, que olha com amor para com cada um de nós. Derramai o Vosso Espírito e fortalecei a cada um como membro do seu grande corpo: a Igreja. Por Cristo, nosso Senhor. Amém.*

No final da oração, o catequista impõe as mãos sobre a cabeça de cada catequizando e traça o sinal da cruz em sua fronte dizendo:

> "Glorificai ao Senhor com vossa vida ...N... vai em paz, que o Senhor te acompanhe! Amém."

Lembrete e Sugestão

No próximo encontro, iremos preparar juntamente com os catequizandos e seus pais ou responsáveis a "Celebração da Primeira Eucaristia". É um oportuno momento de catequizá-los e fazê-los descobrir a riqueza deste sacramento. Prepare com zelo e com a ajuda da equipe de liturgia e outras lideranças uma bonita e bem organizada reunião.

Para facilitar a presença dos pais, o catequista poderá mudar o dia do encontro, agendando previamente dia e horário que propicie a participação de todos.

MATERIAL DE APOIO

- Aprofundar o tema com a leitura dos números 20 a 23 e 232 a 236 da Instrução Geral do Missal Romano.

AJOELHAR-SE: ATITUDE DOS PENITENTES?

Pe. Thiago Faccini Paro

O ajoelhar-se durante a prece Eucarística, é um dos temas que têm gerado muitas discussões. Pode-se dizer que isso é reflexo de mais de mil anos de uma fé devocionalista que nos distanciou da prática ritual-celebrativa da Igreja primitiva. E hoje, após cinquenta anos do Concílio Ecumênico Vaticano II, que propôs a volta às fontes, colhemos os resquícios desse período.

Qual o sentido do ficar de joelhos na liturgia e na tradição da Igreja?

Por muitos motivos hoje os fiéis se ajoelham. E quando interrogados, dizem que é uma atitude de respeito, de adoração, de humildade e de reconhecimento da grandeza de Deus. E nisso estão todos certos, os salmos falam da prostração diante de Deus. Quem se ajoelha ou se prostra faz-se pequeno diante Dele. Na Bíblia muitas vezes encontramos essa atitude: Daniel reza de joelhos (Dn 6,11); Diante de Jesus recém nascido, os magos prostram-se para homenageá-lo (Mt 2,11); Na despedida de Mileto e Tiro, Paulo reza de joelho (At 20;36 e At 21); O próprio Jesus reza de joelhos no horto (Lc 22,41). Além dessa atitude interior, de humildade diante da presença do mistério, e de ser uma atitude clássica para a oração pessoal, o ato de ajoelhar-se na tradição da Igreja é tido como um gesto penitencial, a ponto dos penitentes da época ser chamados de "*genuflectentes*".

Porém vem-nos o grande questionamento se essa é a melhor atitude de exprimir o que celebramos. "*Celebrar* é uma ação comunitária, festiva que tem a ver com 'tornar célebre', solenizar, destacar do cotidiano, colocar em destaque acontecimentos e pessoas e realçar o seu significado para um determinado grupo de pessoas".[7] Portanto, celebrar é um momento de festa, momento em que fazemos memória do mistério Pascal de Cristo. E Páscoa, onde proclamamos a vitória de Cristo sobre a morte, onde anunciamos a morte do Senhor e proclamamos a sua ressurreição. Celebramos nossa libertação! O Concilio de Nicéia (325) chegou a proibir aos cristãos de ajoelharem-se aos domingos e no tempo pascal, orientando orar a Deus em pé durante a prece litúrgica. E faz sentido, não?

Quando celebramos os mistérios de Cristo, nós antecipamos o céu, entramos num tempo kairótico, onde o tempo já não existe mais. Encontramo-nos no calvário, no monte da crucifixão, no jardim da ressurreição. Estamos diante do Cordeiro, antecipando o que nos diz o livro do Apocalipse: "uma grande multidão, que ninguém podia contar: gente de todas as línguas. Estavam todos de pé diante do trono e diante do Cordeiro. Vestiam vestes brancas e traziam palmas na mão" (Ap 7,9). A posição do cristão é a posição do Ressuscitado, do Vitorioso, estamos de pé, pois vestimos a veste branca do Batismo, lavada e alvejada no Sangue do Cordeiro.

Os primeiros cristãos partiam o pão, nas casas (*dominus ecclesia*), celebravam nas catacumbas, se reuniam ao redor da mesa. Todos de pé, ao redor do centro, do altar, do Cristo. Não havia cadeiras, não havia bancos, não havia genuflexórios...

Diante de tudo isso, vale a pena perguntar: Qual o sentido do ajoelhar-se na celebração Eucarística para mim? Tomemos consciência dos nossos gestos e ações e fiquemos livres para escolher a que nos faz sentir melhor, aquela que mais nos aproxima do Mistério Pascal do Senhor.

---

7 SILVA José Ariovaldo da. A liturgia crista em dois grandes contextos históricos e resgatada pelo Concílio Vaticano II. Paranavaí, 2010. p. 3.

A POSIÇÃO DAS MÃOS NA ORAÇÃO DO SENHOR

Pe. Thiago Faccini Paro

O ser humano sempre utilizou da expressão corporal para se comunicar e exprimir seus sentimentos. A bíblia e a liturgia através dos tempos nos apresentam uma gama de posições corpo e significados.

Em especial, neste artigo, trataremos especificamente da posição das mãos na oração do Pai-Nosso dentro da celebração eucarística e a herança herdada pela Iconografia.

O levantar as mãos para a oração, já era um ato aconselhado por Paulo a Timóteo: "Quero pois, que os homens orem em qualquer lugar, levantando ao céu as mãos puras, sem iras e sem contendas" (1Tm 2,8). O erguer as mãos parece que é pacífico nas comunidades, porém, o jeito de elas permanecerem durante a oração, traz algumas dúvidas e divergências. Qual seria a posição correta, ou a posição que melhor expressa-se tão rica oração?

A Instrução Geral do Missal Romano e a liturgia em si, não especificam ou não determinam essa maneira, mas diz somente que "o sacerdote profere o convite, todos os fiéis recitam a oração com o sacerdote, e o sacerdote acrescenta sozinho o embolismo que o povo encerra com a doxologia" (n. 81).

Sendo assim, a posição das mão durante a oração do Senhor, é bem livre e cada um, a sua maneira expressa e lhe atribui um significado. Porém, estudando e pesquisando um pouco mais, pode-se recorrer a iconografia como uma das mais importantes fontes de linguagem simbólica comum de nossa fé. Diz que se escreve um Ícone, dada o tamanho de simbolismo e catequese presente em uma dessas imagens. De modo particular as mãos recebem uma atenção.

Na época em que os ícones eram bem mais explorados, se tinha entre os observadores uma linguagem comum, ou seja, ao olhar determinada posição de mão, cores e olhar, se sabia que mensagem o autor queria transmitir. Como por exemplo quando olhamos um ícone do Cristo Pantocrator em que ele esta com o braço direito erguido e com a mão em atitude de benção (a maneira grega), ou seja três dedos fechados e somente dois dedos erguidos, que significa entre outras coisas que ele está falando. Ou a imagem de um Bispo com o braço nesta mesma posição, simboliza que ele está abençoando e ainda, se for um mártir quer significar que ele esta professando a fé.

Ao falarmos da posição das mãos na oração do Pai-Nosso, recorremos aos ícones em posição "orante", onde a imagem se encontra com as mãos voltadas para o alto e em posição frontal. Querendo dizer que quando rezamos nos colocamos na presença do Senhor da maneira que somos com nossas limitações e virtudes. Diante de Deus não se pode esconder, não se pode usar mascaras e as palmas das mãos abertas, em posição frontal, expõe nossa identidade representada pelas nossas impressões digitais, é a parte mais sensível de nossa mão. Ou seja, somos únicos diante de Deus nesse momento. As mãos abertas além de expor nossa identidade, representa que estamos de mãos vazias, desarmados, e abertos para acolher ao Senhor que vem ao nosso encontro.

Portanto, não importa a posição de nossas mãos, desde que elas tenham um sentido para nós. E que ao rezarmos a oração do Senhor, principalmente na celebração eucarística, possamos fazer essa experiência apresentada pelos ícones, de nos apresentar-mos diante de Deus, tal qual somos, deixando Ele agir e se manifestar em cada um de nós.

33º Encontro
Preparando a Celebração da Primeira Eucaristia
Reunião com os pais ou responsáveis
(Encontro a ser realizado nas semanas que antecedem a celebração da Primeira Eucaristia)

Palavra inicial: Prezados catequistas, nesta reunião queremos, juntamente com os catequizandos, seus pais ou responsáveis e a pastoral litúrgica, preparar o rito da celebração da Primeira Eucaristia. É uma oportunidade para evangelizar os pais, bem como apresentar-lhes a riqueza da Eucaristia. A reunião poderá acontecer em dia e horário diferente do encontro de catequese, favorecendo a participação de todos.

Preparando o ambiente: O espaço para a reunião, precisa ser adequado para acomodar todos os participantes. Neste espaço providenciar: ambão com toalha branca, Bíblia, vela e flores. Folhas com o esquema da celebração e fórmula da renovação das promessas do Batismo.

Acolhida: O catequista acolhe os pais e responsáveis, dando-lhes boas-vindas e explicando o motivo da reunião. Logo após, convida todos a ficarem de pé e fazerem uma breve oração. Se o tempo permitir, poderá ser feito a Leitura Orante de um texto bíblico. Poderá ser a passagem do texto de 1Cor 11,12-19.

Oração inicial: Pode-se invocar o Espírito Santo com a oração "Vinde Espírito Santo, enchei...", e fazer a leitura do texto bíblico e uma breve meditação ou Leitura Orante do texto.

Orientações para a reunião:

- Agradecer a presença dos pais e responsáveis e pedir para que se apresentem.
- Introduzir com uma breve explicação sobre o que são os sacramentos da Igreja e de modo especial o Sacramento da Eucaristia (importância e necessidade na vida do cristão).
- O catequista faz também uma reflexão sobre a importância e significado desta celebração para os catequizandos da quarta etapa, dizendo que não é a conclusão, o fim, mas o início de uma vivência da fé mais madura e comprometida com a Igreja.
- Depois, distribuir o roteiro da celebração e explicar passo a passo todo o desenrolar dos ritos.
- Falar sobre o momento da renovação das promessas do Batismo, e perguntar se ainda tem guardado a vela utilizada no dia do batizado dos filhos. Se tiverem, pedir para trazerem, para utilizar neste momento.
- Sugerimos que na Primeira Eucaristia se use o pão ázimo confeccionado por alguém da comunidade. Poderá ser apenas um para a comunhão dos catequizandos. Se a sugestão for aceita, explicar a diferença das hóstias e a riqueza do sinal (aparência e gosto de pão).
- Orientá-los da importância da confissão e convidá-los para a Celebração Penitencial que acontecerá dias antes da Primeira Eucaristia. Frisar que os pais e padrinhos devem também se preparar, aproveitando a oportunidade se aproximando deste Sacramento.
- Poderá distribuir algumas funções como leitores dos textos bíblicos (se não tiver na paróquia ministério de leitor), oração da assembleia, procissão das oferendas etc.
- Poderá ser agendado alguns ensaios, principalmente dos cantos, para que todos possam participar ativamente.

- Orientar para que as fotos sejam discretas e não atrapalhem a participação da assembleia.
- Hora e local, solicitando para chegar com antecedência.
- Esclarecer se necessário às dúvidas e concluir a reunião agradecendo a presença.

Oração final: O catequista convida a todos a rezar o Pai-Nosso e logo depois, de braços abertos, conclui com a oração:

> Deus, Pai de misericórdia, fazei que estes catequizandos, pais e responsáveis, possam sempre aproximar da mesa do Banquete Eucarístico, encontrando neste alimento forças, consolo, alegria e esperança. Por Cristo, nosso Senhor. Amém.
>
> "Ide em paz, que o Senhor vos acompanhe!"

34° Encontro

Celebração da Penitência
Ritual da Penitência

Palavra inicial: A presente Celebração Penitencial segue o rito proposto pelo Ritual da Penitência, no capítulo II ("Rito para a reconciliação de vários penitentes com confissão e absolvição individuais"). Queremos com a celebração deste Sacramento, fazer com que os nossos catequizandos se preparem espiritualmente para receber pela primeira vez o Corpo e Sangue de Cristo. A necessidade do arrependimento e reconciliação com Deus e com os irmãos e irmãs é uma constante em nossa caminhada de fé. Se oportuno, os pais e padrinhos também poderão se confessar.

Preparando o ambiente: Ambão com toalha roxa, Bíblia, Ritual da Penitência, e velas. No centro ou em lugar de destaque, uma bacia grande com água e tolha branca, ao lado uma cruz com um tecido roxo e uma vela. Local para os padres atenderem as confissões individuais.

Os cantos sugeridos estão no livro: KOLLING, I. M. T. Cantos e Orações. Para a liturgia da missa, celebrações e encontros. 4. Ed. Petrópolis: Vozes, 2004.

Distribuindo funções: Seria importante também dividir algumas funções com antecedência:

- animador: para orientar as pessoas durante a celebração;
- presidente: o pároco ou outro padre que possa presidir a celebração;
- pessoa para proclamar a leitura bíblica;
- pessoa para cantar o salmo;
- Pessoa para fazer a oração da assembleia;
- cantores: ensaiar os cantos;
- ministros para acolhida (os próprios catequistas ou membros da comunidade);
- se forem muitos catequizandos, convidar mais sacerdotes para ajudar nas confissões.

Conforme os fiéis vão chegando no local da celebração, pode-se cantar um refrão meditativo para criar um clima de oração. Como sugestão: "*Confiemos-nos ao Senhor*" – Taizé. In Kolling, 2004, n. 1459c, p. 317.

Quando todos já se encontrarem acomodados, o animador acolhe calorosamente a todos e os convidam a ficar de pé e iniciar a celebração. Uma munição (comentário) poderá ser preparada.

Canto: "*Senhor, eis aqui*" – José Raimundo Galvão. In Kolling, 2004, n. 1459j, p. 318.

Saudação inicial

Terminado o canto, o sacerdote saúda a todos os presentes, dizendo:

Presidente: *Estejam convosco a graça e a paz de Deus Pai e de Jesus Cristo, que nos amou e lavou nossos pecados com o seu sangue.*

R: *A ele louvor e glória para sempre.*

Presidente: *Irmãos, peçamos a Deus, que nos chama à conversão, a graça de uma frutuosa e verdadeira penitência.*

Deus todo-poderoso e cheio de misericórdia, vós nos reunistes em nome de vosso Filho para alcançarmos misericórdia, e sermos socorridos em tempo oportuno. Abri os nossos olhos para vermos o mal que praticamos, e tocai os nossos corações para que nos convertamos a vós sinceramente. Que vosso amor reconduza à unidade aqueles que o pecado dividiu e dispersou; que vosso poder cure e fortaleça os que em sua fragilidade foram feridos; que vosso espírito renove para a vida os que foram vencidos pela morte. Restabelecido em nós vosso amor, brilhe em nossas obras a imagem de vosso Filho para que todos, iluminados pela caridade de Cristo, que resplandece na face da Igreja, reconheçam como vosso enviado Jesus Cristo, vosso Filho, nosso Senhor.

R. *Amém.*

CELEBRAÇÃO DA PALAVRA DE DEUS

Primeira leitura: Efésios 5,1-14.

Canto Responsorial: Sl 129.

Evangelho: Jo 13,34-35; 15,10-13.

Homilia

Segue-se a homilia, inspirada no texto das leituras, levando os penitentes ao exame de consciência e à renovação de vida.

Exame de consciência

É aconselhável observar um tempo de silêncio para se realizar o exame de consciência e despertar a verdadeira contrição dos pecados. O sacerdote, o diácono ou outro ministro podem vir em auxílio dos fiéis com breves palavras ou prece litânica, atendendo-se a sua condição, idade etc.

RITO DA RECONCILIAÇÃO

Confissão genérica dos pecados

A convite do diácono ou outro ministro, todos se ajoelham ou se inclinam e recitam a fórmula da confissão genérica (por exemplo: Confesso a Deus...). A seguir, de pé se for oportuno, recitam uma outra oração litânica ou entoam um canto apropriado. Ao final, reza-se a Oração do Senhor, que nunca será omitida.

Presidente: *Irmãos, lembrados da bondade de Deus nosso Pai, confessemos os nossos pecados para alcançar a sua misericórdia.*

Confesso a Deus todo-poderoso e a vós irmãos...

Presidente: *Invoquemos humildemente Jesus Cristo, que com sua morte venceu o pecado, para que perdoe as ofensas que cometemos contra Deus, e nos reconcilie com a Igreja que também ofendemos.*

Senhor, que foste enviado para evangelizar os pobres e salvar os corações arrependidos, tende piedade de nós.

R. *Salvai-nos, Senhor Jesus.*

Senhor, que não vieste chamar os justos, mas os pecadores, tende piedade de nós.

R. *Salvai-nos, Senhor Jesus.*

Senhor, que perdoastes muito a aquele que muito amou, tende piedade de nós.

R. Salvai-nos, Senhor Jesus.

Senhor, que não recusastes o convívio dos publicanos e pecadores, tende piedade de nós.

R. *Salvai-nos, Senhor Jesus.*

Senhor, que reconduzistes sobre os vossos ombros a ovelha perdida, tende piedade de nós.

R. *Salvai-nos, Senhor Jesus.*

Senhor, que não condenaste a adúltera, mas lhe dissestes: "Vai em paz!", tende piedade de nós.

R. *Salvai-nos, Senhor Jesus.*

Senhor, que chamastes o publicano Zaqueu à conversão e à vida nova, tende piedade de nós.

R. Salvai-nos, Senhor Jesus.

Senhor, que prometeste o paraíso ao ladrão arrependido, tende piedade de nós.

R. Salvai-nos, Senhor Jesus.

Senhor, que vivendo à direita do Pai, sempre intercedeis por nós, tende piedade de nós.

R. *Salvai-nos, Senhor Jesus.*

Presidente: *Agora, como o próprio Cristo nos ordenou, peçamos junto ao Pai que perdoe os nossos pecados assim como nos perdoamos uns aos outros:*

Pai nosso, que estais nos céu...

Presidente: *Ó Deus, que quisestes socorrer a nossa fraqueza, concedei-nos receber com alegria a renovação que trazeis e manifestá-la em nossa vida. Por Cristo, nosso Senhor.*

R. Amém.

CONFISSÃO E ABSOLVIÇÃO INDIVIDUAIS

Os penitentes aproximam-se dos sacerdotes colocados em lugares adequados, confessam seus pecados e, recebida a devida satisfação, são absolvidos individualmente.

CONFISSÕES INDIVIDUAIS

Terminadas as confissões individuais, o sacerdote que preside a celebração, acompanhado dos demais sacerdotes, convida à ação de graças e exorta às boas obras, pelas quais se manifesta a graça da penitência na vida dos indivíduos e de toda a comunidade. Convém, portanto, cantar um salmo ou hino, ou fazer uma oração litânica, proclamando o poder e a misericórdia de Deus. Segue sugestão de gesto simbólico e hino:

Gesto simbólico: O presidente, recordando o banho purificador do Batismo, asperge a todos enquanto se canta o refrão meditativo: *"Banhados em Cristo"* – Adaptação de Ione Buyst. In Kolling, 2004, n. 1459f, p. 318.

Louvação final: O presidente convida a assembleia à ação de graças.

Canto: *"Te Deum"* – Pe Zezinho, SCJ. In Kolling, 2004, n. 1431, p. 311.

No refrão, a parte *"todo poderoso, é nosso Deus"*, poderá ser substituída por: *"terna compaixão é o nosso Deus."*

RITO CONCLUSIVO

Presidente: *O Senhor vos conduza segundo o amor de Deus e a paciência de Cristo.*

R. *Amém.*

Para que possais caminhar na vida nova e agradar a Deus em todas as coisas.

R. *Amém.*

Abençoe-vos Deus todo-poderoso, Pai, e Filho, e Espírito Santo.

R. *Amém.*

O Senhor perdoou nossos pecados. Ide em paz.

R. Graças a Deus.

Canto de dispersão.

Celebração da Primeira Eucaristia

Palavra inicial: Esta celebração tem o objetivo de apresentar a toda a comunidade os catequizandos que concluíram a quarta etapa da catequese, chamando a atenção para a grande importância desse processo para a vida da Igreja, bem como distribuir, pela primeira vez, a comunhão aos catequizandos. Aconselhamos que essa celebração aconteça na Solenidade de Nosso Senhor Jesus Cristo, Rei do Universo. Porém, por motivos pastorais, pode ocorrer num outro dia.

Preparando o ambiente: Livro dos catequizandos onde foi registrado os nomes dos catequizandos ao final da primeira etapa. Reservar bancos para os catequizandos e padrinhos. Todo necessário para a Celebração Eucarística. Sugerimos que seja consagrado pão ázimo confeccionado por alguém da comunidade.

Procissão inicial: Os catequizandos e padrinhos de batismo poderão participar da procissão inicial. Pode-se levar ainda círio pascal, a imagem de Cristo Rei, livro grande com os nomes dos catequizandos.

Observações: Para o momento da renovação das promessas batismais, incentivar os catequizandos a trazerem de casa a vela utilizada no dia do seu Batismo.

Sugerimos, como já foi dito, que pão ázimo a ser consagrado seja feito por alguém da comunidade, onde se visualizará melhor o sentido e significado da Eucaristia. Uma patena maior poderá ser usada onde caiba a comunhão do presidente e dos fiéis, exprimindo assim a simbologia de um único pão (um só corpo).

A comunhão seja de modo especial feita sob as suas espécies, bebendo diretamente do cálice ou por intinção [8] (o ministro mergulha no cálice a pontinha do Pão e entrega ao catequizando ou ainda o ministro entrega o pão ao catequizando e o mesmo mergulha o pão no vinho, comendo-o em seguida), visualizando melhor o mandato do Senhor: "tomai e comei... tomai e bebei...".

Cuidado com as imagens com as quais usamos para representar a Eucaristia: santinhos, fotografias, painéis, arranjos (isopor, papel, ostensório...), imagens de pão e de uva. As imagens usadas em camisetas e lembrancinhas, quando se há o costume, representem o que significa (realidade referente), não o que vemos (sinais sensíveis). Sendo assim, sugerimos algumas imagens como o "cordeiro", "o pelicano", "cinco pães e dois peixes", imagem da cena dos "discípulos de Emaús" dentre outras.

Evite-se também as lembrancinhas que parecem "diploma" ou "certificado", para não dar a impressão de que estão concluindo um curso, apenas.

---

8 Orientações mais específicas quanto a comunhão sob as duas espécies: Instrução Geral sobre o Missal Romano. n. 285 – 286. In: CNBB. As Introduções Gerais dos Livros Litúrgicos. São Paulo: Paulus, 2003. p. 173.

II Parte

Anexos

Apresentamos a seguir, algumas celebrações adaptadas do Ritual de Iniciação Cristã de Adultos (RICA), para a preparação próxima do Batismo, e que muito poderá ajudar neste processo de Iniciação. Outras propostas poderão ser verificadas diretamente no RICA e adaptadas de acordo com a realidade de cada comunidade. Aqui apresentamos apenas uma das possibilidades.

Anexo 1

Reunião de preparação para a celebração batismal

Com os pais e futuros padrinhos de Batismo dos catecúmenos

(Encontro a ser realizado na semana que antecede o início do Tempo da Quaresma)

Palavra inicial: Prezados catequistas, nesta reunião queremos apresentar aos pais e futuros padrinhos a importância e significado do Batismo, além de orientá-los de como será feita toda a preparação para a recepção deste Sacramento.

Com antecedência, reunir-se com o padre e os responsáveis pela Pastoral Litúrgica e a Pastoral do Batismo para prepararem os passos a serem dados. É importante que haja um grande diálogo e um trabalho de conjunto entre todos os envolvidos.

Preparando o ambiente: Na sala escolhida para reunião, providenciar: ambão com toalha da cor do tempo litúrgico, Bíblia, vela, flores e esquema com os ritos e datas nas quais acontecerão as celebrações.

Acolhida: O catequista acolhe os pais e futuros padrinhos, dando-lhes boas-vindas e explicando o motivo da reunião. Logo após, convida todos a ficarem de pé e fazerem uma breve oração. Se o tempo permitir, poderá ser feito a "Leitura Orante" de um texto bíblico. Sugerimos a leitura da Carta aos Efésios 1,1-13.

Oração inicial: Pode-se invocar o Espírito Santo com a oração "Vinde Espírito Santo, enchei...", e fazer a leitura do texto bíblico.

Orientações para a reunião:

- Primeiramente, agradecer a presença dos pais e padrinhos e pedir para que se apresentem e digam se são pais ou futuros padrinhos.

- O catequista faz uma breve reflexão sobre a importância e significado do Sacramento do Batismo.

- Frisará a importância e papel dos padrinhos de Batismo, como exemplo de fé e responsáveis por acompanhar a vida de fé do afilhado. O padrinho tem que conhecer e viver a fé para assim ser exemplo e testemunho. Os padrinhos devem ser cristãos CATÓLICOS COMPROMETIDOS!

- Depois, distribuir o roteiro da celebração e explicar passo a passo todo o desenrolar dos ritos dizendo que o Batismo acontecerá na Vigília Pascal (ou outra data conforme realidade local), e que nas semanas que antecedem o Batismo, haverá algumas celebrações de preparação espiritual para o recebimento do Sacramento do Batismo.

- Lembrar que o tempo da Quaresma é um tempo por excelência de preparação, onde toda a família deve estar presente com o catequizando e que a Vigília Pascal é a conclusão do Tríduo Pascal, que tem início com a Celebração da Ceia do Senhor, na Quinta-feira Santa. Portanto, é indispensável a participação em todas as celebrações.

- É importante, também, que os catequistas, a Pastoral do Batismo e equipe de liturgia, já tenham preparado todas as celebrações para poder melhor orientar os pais e futuros padrinhos.

- Orientar para que as fotos e filmagens sejam discretas e não atrapalhem a participação da assembleia.

- Hora e local, chegar com antecedência.

Oração final: O catequista convida todos a rezar a oração do Pai-Nosso e logo depois, de braços abertos, conclui com a oração abaixo:

Deus Pai de bondade, fazei que estes pais e futuros padrinhos possam ser verdadeiros exemplos de sua Palavra aos seus filhos e afilhados. Que eles sejam um suporte no amadurecimento cristão daqueles que lhes foram e serão confiados. Que tenham êxito na sua missão de introduzi-los na fé cristã através do testemunho, diálogo e vivência comunitária. Tudo isso te pedimos por Cristo, nosso Senhor. Amém.

Ide em paz, que o Senhor vos acompanhe!

Anexo 2

Rito de acolhida e eleição

(A ser realizado em uma das missas do 1º domingo da Quaresma)

Palavra inicial: Prezados catequistas, equipe de liturgia e presbíteros, a presente celebração tem por intenção acolher os catecúmenos para a recepção do Sacramento do Batismo, oportunizando-lhes uma preparação espiritual mais intensa de maneira que toda a comunidade também participe e se responsabilize pelo batizando.

Preparando o ambiente: Túnica bege ou de cor clara (exceto branca) para cada um dos catecúmenos. Livro onde foi registrado os nomes dos catequizandos ao final da primeira etapa. Reservar bancos para os catequizandos e padrinhos.

Procissão Inicial: Os catecúmenos com seus padrinhos participam da procissão inicial.

Acolhida: Após a saudação inicial, quem preside saúda os candidatos dirigindo a eles e a todos os presentes, a alegria e a ação de graças da Igreja por este momento tão importante em suas vidas e da comunidade.

Em seguida, convida os catecúmenos com seus padrinhos a se aproximarem.

Diálogo: Quem preside tomando o "livro dos catequizandos", chama cada um pelo nome:

Presidente: *N.*

Cada um responde: presente.

Quem preside continua:

Presidente: *O que pede a Igreja de Deus?*

Candidato: A fé.

Presidente: *E esta fé, que te dará?*

Candidato: *A vida eterna.*

Presidente: *A vida eterna consiste em conhecermos o verdadeiro Deus e Jesus Cristo, que ele enviou. Ressuscitando dos mortos, Jesus foi constituído por Deus, Senhor da vida e de todas as coisas, visíveis e invisíveis. Se vocês querem ser discípulos seu e membros da Igreja, é preciso que vocês sejam instruídos em toda a verdade revelada por ele; que aprendam a ter os mesmos sentimentos de Jesus Cristo e procurem viver segundo os preceitos do Evangelho; e, portanto, que vocês amem o Senhor Deus e o próximo como Cristo nos mandou fazer, dando-nos o exemplo.*

Cada um de vocês está de acordo com tudo isso?

Candidato: *Estou.*

Presidente: *...N... e ...N..., peçam agora a seus pais (ou responsáveis) que se aproximem com vocês para darem sua licença.*

Os pais ou responsáveis aproximam-se dos filhos e o presidente continua:

Presidente: *Caros pais, vossos filhos ...N... e ...N... querem ser cristãos e pedem o Batismo. Estais de acordo com seu desejo?*

Pais: *Estamos.*

Presidente: *Estais dispostos a ajudá-los a crescer na fé, observando os mandamentos e vivendo na comunidade dos seguidores de Jesus?*

Pais: *Sim, estamos!*

Presidente: Vocês padrinhos e madrinhas, que nos apresentam agora estes candidatos, e vocês, nossos irmãos e irmãs aqui presentes, estão dispostos a ajudá-los a encontrar e seguir o Cristo?

Padrinhos: *Estamos.*

Presidente: *(N. e N.), eu declaro vocês eleitos para serem iniciados nos sagrados mistérios na próxima Vigília Pascal (ou a data escolhida pela comunidade).*

Candidato: *Graças a Deus.*

Presidente: *Pai de bondade, nós vos agradecemos por estes vossos servos e servas que de muitos modos inspirastes e atraístes. Eles vos procuraram, e responderam na presença desta santa assembleia ao chamado que hoje lhes dirigistes. Por isso, Senhor Deus, nós vos louvamos e bendizemos.*

Todos respondem, dizendo ou cantando:

Todos: *Bendito seja Deus para sempre.*

A Missa prossegue como de costume até o final, onde o que preside situará os fiéis de que este foi o primeiro rito de acolhida dos catecúmenos em preparação ao Batismo. Outros ritos acontecerão durante o período quaresmal e culminará com o batizado de cada um deles na Solene Vigília Pascal (ou outra data escolhida pela comunidade). Algumas preces poderão ser feitas pelos eleitos na oração dos fiéis.

Anexo 3

Primeiro Escrutínio

(A ser realizado em uma das missas do 3º domingo da Quaresma)

Palavra inicial: Com o presente rito, queremos assinalar os catequizandos com o sinal da cruz, bem como rezar por cada um deles, para que Deus os preserve de todo mal.

Preparando o ambiente: Reservar bancos para os catequizandos e seus padrinhos, os quais já poderão permanecer sentados para o início da celebração. Túnica bege ou de cor clara (exceto branca) para cada um dos catecúmenos.

Tudo segue como de costume até o final da homilia.

Liturgia da Palavra: Apenas na celebração em que for realizado o Escrutínio, usa-se as fórmulas do Missal e do Lecionário do Ano A (Evangelho da Samaritana).

Depois da homilia, quem preside chama os eleitos e seus padrinhos para se aproximarem e prossegue com a assinalação da fronte e dos sentidos.

Assinalação da fronte e dos sentidos

Presidente: *...N... e ...N..., Cristo chamou vocês para serem seus amigos; lembrem-se sempre dele e sejam fiéis em segui-lo! Para isso, vou marcar vocês com o sinal da cruz de Cristo, que é sinal dos cristãos.*

Este sinal vai daqui em diante fazer com que vocês se lembrem de Cristo e de seu amor por vocês.

Presidente: *...N... e ...N..., recebam na fronte o sinal da cruz: o próprio Cristo te protege com sinal de sua vitória. Aprende a conhece-lo e segui-lo.*

Quem preside assinala a fronte de cada um dos catecúmenos com o sinal da cruz, onde depois o catequista e os padrinhos, se for oportuno, podem fazer o mesmo. Procede-se à assinalação dos sentidos, que podem ser feitas apenas pelos catequistas ou padrinhos, enquanto o que preside diz:

Presidente: *Recebam nos ouvidos o sinal da cruz, para que vocês ouçam a voz do Senhor.*

Presidente: *Recebam nos olhos o sinal da cruz, para que vocês vejam a glória de Deus.*

Presidente: *Recebam na boca o sinal da cruz, para que vocês respondam à Palavra de Deus.*

Presidente: *Recebam no peito o sinal da cruz, para que Cristo habite pela fé em seus corações.*

Presidente: *Recebam nos ombros o sinal da cruz, para que vocês carreguem o jugo suave de Cristo.*

Quem preside, sem tocar nos catecúmenos, faz o sinal da cruz sobre todos ao mesmo tempo, dizendo:

Presidente: *Eu marco vocês com o sinal da cruz em nome do Pai e do Filho + e do Espírito Santo, para que vocês tenham a vida eterna.*

Eleitos: *Amém.*

Presidente: *Oremos.*

Deus todo poderoso, que pela cruz e ressurreição de vosso Filho destes a vida ao vosso povo, concedei que estes vossos servos e servas, marcados com o sinal da cruz, seguindo os passos de Cristo, conservem em sua vida a graça da vitória da cruz e a manifestem por palavras e gestos.

Por Cristo, nosso Senhor.

Todos: *Amém.*

O que preside, dirigindo-se aos fiéis, convida-os a orar em silêncio pelos eleitos. Voltando-se para os eleitos, convida-os igualmente a orar em silêncio e exorta-os a manifestar pela atitude do corpo seu espírito de penitência, inclinando-se ou ajoelhando-se. Conclui com estas ou outras palavras semelhantes:

Presidente: Eleitos de Deus, inclinem-se (ou: ajoelhem-se) para a oração.

Os eleitos inclinam-se ou ajoelham-se. Todos rezam um momento em silêncio e, quem preside prossegue:

Oremos.

> *Pai de misericórdia,*
> *por vosso Filho vos compadecestes da samaritana*
> *e, com a mesma ternura de Pai,*
> *oferecestes a salvação a todo pecador.*
> *Olhai em vosso amor estes eleitos*
> *que desejam receber, pelos sacramentos,*
> *a adoção de filhos:*
> *que eles, livres da servidão do pecado*
> *e do passado jugo do demônio,*
> *recebam o suave jugo de Cristo.*
> *Protegei-os em todos os perigos,*
> *A fim de que vos sirvam fielmente*
> *na paz e na alegria*
> *e vos rendam graças para sempre.*
> *Por Cristo, nosso Senhor.*

Todos: Amém.

Quem preside, em silêncio, impõe a mão sobre cada eleito e continua com as mãos estendidas:

> *Senhor Jesus, que em vossa admirável mise-ricórdia converteste a samaritana,*
> *para que adorasse o Pai em espírito e verdade,*
> *libertai agora das ciladas do demônio*
> *estes eleitos que se aproximam das fontes da água viva;*
> *convertei seus corações pela força do Espírito Santo,*
> *a fim de conhecerem o vosso Pai,*
> *pela fé sincera que se manifesta na caridade.*
> *Vós que viveis e reinais para sempre.*

Todos: Amém.

Os eleitos se levantam, auxiliados por seus padrinhos, e retornando aos seus lugares, a Missa prossegue como de costume. Algumas preces poderão ser feitas pelos eleitos na oração dos fiéis.

Anexo 4

Segundo Escrutínio

(A ser realizado em uma das missas do 4º domingo da Quaresma)

Palavra inicial: Com a presente celebração, queremos realizar o rito do "Éfeta" nos catecúmenos sugerindo a necessidade da graça para ouvir e professar a Palavra de Deus, a fim de alcançar a salvação, além de rezar por cada um deles, para que Deus os preserve de todo mal.

Preparando o ambiente: Túnica bege ou de cor clara (exceto branca) para cada um dos catecúmenos. Reservar bancos para os catequizandos e seus padrinhos, os quais já poderão permanecer sentados para o início da celebração.

Tudo segue como de costume até o final da homilia.

Liturgia da Palavra: Apenas na celebração em que for realizado o Escrutínio usa-se as fórmulas do Missal e do Lecionário do Ano A (Evangelho do cego de nascença).

Depois da homilia, quem preside chama os eleitos e seus padrinhos para se aproximarem e prossegue com o rito do "Éfeta".

Rito do "Éfeta"

Quem preside, tocando com o polegar os ouvidos e os lábios de cada eleito diz:

Presidente: *Éfeta, isto é, abre-te,*
a fim de proclamares o que ouviste,
para louvor e glória de Deus.

O que preside, dirigindo-se aos fiéis, convida-os a orar em silêncio pelos eleitos. Voltando-se para os eleitos, convida-os igualmente a orar em silêncio e exorta-os a manifestar pela atitude do corpo seu espírito de penitência, inclinando-se ou ajoelhando-se. Conclui com estas ou outras palavras semelhantes:

Presidente: *Eleitos de Deus, inclinem-se (ou ajoelhem-se) para a oração.*

Os eleitos inclinam-se ou ajoelham-se. Todos rezam um momento em silêncio e, quem preside prossegue:

Oremos.

Pai de bondade,
que destes ao cego de nascença
a graça de crer em vosso Filho
e de alcançar pela fé o vosso reino de luz,
libertai estes eleitos dos erros que cegam
e concedei-lhes,
de olhos fixos na verdade,
tornarem-se para sempre filhos da luz.
Por Cristo, nosso Senhor.

Todos: Amém.

Quem preside, em silêncio, impõe a mão sobre cada eleito e continua com as mãos estendidas:

Senhor Jesus, luz verdadeira,
que iluminais toda a humanidade,
libertai, pelo Espírito da verdade,
os que se encontram oprimidos pelo pai da mentira,
e despertai a boa vontade
dos que chamastes aos vossos sacramentos,
para que, na alegria da vossa luz,
tornem-se como o cego outrora iluminado,
audazes testemunhas da fé.
Vós que viveis e reinais para sempre.

Todos: Amém.

Os eleitos se levantam, auxiliados por seus padrinhos e retornando aos seus lugares, a Missa prossegue como de costume. Algumas preces poderão ser feitas pelos eleitos na oração dos fiéis.

Anexo 5

Terceiro Escrutínio

(A ser realizado em uma das missas do 5º domingo da Quaresma)

Palavra inicial: Com a presente celebração, queremos realizar o rito da unção com o óleo dos catecúmenos nos eleitos, além de rezar por eles, para que Deus os preserve de todo mal.

Preparando o ambiente: Recipiente com o óleo dos catecúmenos, algodão e lavabo (bacia, jarro com água e sabonete). Túnica bege ou de cor clara (exceto branca) para cada um dos catecúmenos. Reservar bancos para os catequizandos e seus padrinhos, os quais já poderão permanecer sentados para o início da celebração.

Tudo segue como de costume até o final da homilia.

Liturgia da Palavra: Apenas na celebração em que for realizado o Escrutínio, usa-se as fórmulas do Missal e do Lecionário do Ano A (Evangelho da ressurreição de Lázaro).

Depois da homilia, quem preside chama os eleitos e seus padrinhos para se aproximarem e prossegue com o rito da unção com o óleo dos catecúmenos. Usa-se nesse rito o óleo dos catecúmenos bento pelo Bispo na Missa do Crisma ou, por razões pastorais, pelo sacerdote, imediatamente antes da unção.

Rito da unção

Apresenta-se a todos o recipiente com o óleo e, em seguida, quem preside reza a seguinte ação de graças:

Presidente:
Bendito sejais vós, Senhor Deus,
porque, no vosso imenso amor,
criastes o mundo para nossa habitação.

Todos: Bendito seja Deus para sempre!

Presidente:

Bendito sejais vós, Senhor Deus,
porque criastes a oliveira,
cujos ramos anunciaram o final do dilúvio
e o surgimento de uma nova humanidade.

Todos: Bendito seja Deus para sempre!

Presidente:

Bendito sejais vós, Senhor Deus,
porque, através do óleo,
fruto da oliveira,
fortaleceis vosso povo para o combate da fé.

Todos: Bendito seja Deus para sempre!

Presidente:

O Deus, proteção de vosso povo,
que fizestes do óleo, vossa criatura,
um sinal de fortaleza:
(se o óleo não estiver bento, e quem preside
for sacerdote, diz:
abençoai + este óleo e)
concedei a estes catecúmenos
a força, a sabedoria e as virtudes divinas,
para quem sigam o caminho do Evangelho de Jesus,
tornem-se generosos no serviço do reino
e, dignos da adoção filial,
alegrem-se por terem renascido
e viverem em vossa Igreja.

Por Cristo, nosso Senhor.

Todos: Amém.

Quem preside diz:

Presidente: *O Cristo Salvador te dê a sua força simbolizada por este óleo da salvação. Com ele te ungimos no mesmo Cristo, Senhor nosso, que vive e reina pelos séculos.*

Quem preside, procede ungindo a cada um dos eleitos, no peito ou em ambas as mãos, se parecer oportuno.

Presidente: *O Cristo Salvador te dê a sua força, ele que vive e reina pelos séculos.*

Todos: Amém.

O que preside dirigindo-se aos fiéis, convida-os a orar em silêncio pelos eleitos. Voltando-se para os eleitos, convida-os igualmente a orar em silêncio e exorta-os a manifestar pela atitude do corpo seu espírito de penitência, inclinando-se ou ajoelhando-se. Conclui com estas ou outras palavras semelhantes:

Presidente: *Eleitos de Deus, inclinem-se (ou ajoelhem-se) para a oração.*

Os eleitos inclinam-se ou ajoelham-se. Todos rezam um momento em silêncio e, quem preside prossegue:

Oremos.

> *Deus Pai, fonte da vida,*
> *Vossa glória está na vida feliz dos seres humanos*
> *e o vosso poder se revela na ressurreição dos mortos.*
> *Arrancai da morte os que escolhestes*
> *e desejam receber a vida pelo Batismo.*
> *Livrai-nos da escravidão do demônio,*
> *que pelo pecado deu origem à morte*

e quis corromper o mundo que criastes bom. Submetei-o ao poder do vosso Filho amado, para receberem dele a força da ressurreição e testemunharem, diante de todos, a vossa glória.

Por Cristo, nosso Senhor.

Todos: *Amém.*

Quem preside, em silêncio, impõe a mão sobre cada eleito e continua com as mãos estendidas:

> *Senhor Jesus Cristo,*
> *ordenastes a Lázaro sair vivo do túmulo*
> *e pela vossa ressurreição*
> *libertastes da morte toda a humanidade,*
> *nós vos imploramos em favor de vossos servos e servas,*
> *que acorrem às águas do novo nascimento*
> *e à ceia da vida;*
> *não permitais que o poder da morte retenha*
> *aqueles que, por sua fé,*
> *vão participar da vitória de vossa ressurreição.*
> *Vós que viveis e reinais para sempre.*

Todos: Amém.

Os eleitos se levantam, auxiliados por seus padrinhos e retornando aos seus lugares, a Missa prossegue como de costume. Algumas preces poderão ser feitas pelos eleitos na oração dos fiéis.

Anexo 6

Celebração Batismal

(A ser realizada na Vigília Pascal)

Palavra inicial: É chegado o importante momento dos nossos catecúmenos serem incorporados a Cristo e a sua Igreja. Este deve ser um oportuno momento de conscientização da comunidade do valor do Batismo e dos compromissos com ele assumidos. Momento de festa e de extrema alegria para toda a comunidade celebrante.

Aconselhamos que esta celebração aconteça no sábado, durante a Vigília Pascal, porém, por questões pastorais (principalmente se for dado todos os Sacramentos da Iniciação Cristã a algum adulto), esta pode ser realizada em uma das missas do domingo de Páscoa.

Preparando o ambiente: Aconselhamos as comunidades que não têm pia ou fonte batismal, que coloquem em lugar conveniente uma grande caixa de água devidamente ornamentada com tecidos e flores, para a realização do batismo por imersão. Túnica branca para ser entregue nos ritos complementares ("Veste batismal"), óleo do Santo Crisma e vela. Reservar bancos para os eleitos e padrinhos.

Orientações: O eleito vestindo a túnica que usou durante o rito de "acolhida e eleição" e durante os "escrutínios", participa de toda a celebração da Vigília até o final da homilia, onde dá-se início à liturgia batismal.

– Segue-se o rito próprio da Vigília Pascal descrito no Missal Romano:

- Procissão até o batistério, se este pode ser visto pelos fiéis. Caso contrário, coloca-se o recipiente com água no próprio presbitério.

- Apresentação dos eleitos pelos pais e padrinhos à Igreja reunida.

- Exortação do sacerdote (n. 38 do Missal Romano).

- Canto da ladainha.

- Benção da água batismal.

- Renúncia ao demônio e profissão de fé (sem velas).

- Banho batismal.

Se o batismo for por imersão, o eleito é mergulhado de túnica, estando de roupa por baixo, observando as normas do pudor e da conveniência.

Após o batismo, o neobatizado, conduzido a um lugar apropriado, troca de roupa rapidamente e retorna à assembleia para os ritos complementares. Enquanto isto, a comunidade entoa cantos apropriados.

RITOS COMPLEMENTARES

Entrega da Veste Branca: (RICA 225)

Presidente:

*N., você nasceu de novo
e se revestiu de Cristo.
Receba, portanto, a veste batismal,
que você deve levar sem mancha
até a vida eterna,
conservando a dignidade de filho de Deus.*

O batizado: Amém.

Unção depois do Batismo: (RICA 224)

Quem preside unge a cabeça dos batizados com o crisma dizendo uma só vez para todos:

Presidente:

Deus todo poderoso, Pai de nosso Senhor Jesus Cristo,
que fez vocês renascerem pela água e pelo Espírito Santo
e os libertou de todos os pecados,
unge suas cabeças com o óleo da salvação
para que vocês façam parte de seu povo,
como membros do Cristo,
sacerdote, profeta e rei,
até a vida eterna.

O batizados: *Amém.*

Entrega da Luz: (RICA 226)

Presidente: *Aproxima-se a madrinha, para entregar a luz ao que renasceu pelo Batismo.*

Os padrinhos acendem a vela no círio pascal e entregam ao afilhado.

Presidente:

Deus te tornou luz em Cristo.
Caminha sempre como filho da luz,
para que, perseverando na fé,
possas ir ao encontro do Senhor
com todos os Santos
no reino celeste.

O batizado: *Amém.*

Após os ritos complementares, toda a assembleia, de pé e com velas acesas, renova as promessas do Batismo. Segue a aspersão do povo, durante a qual se canta hino ou um salmo apropriado.

Anexo 7

Celebração Batismal

(Se esta acontecer em uma das missas do domingo de Páscoa)

Palavra inicial: Se a celebração do Batismo, por algum motivo, não puder ter acontecido durante a Vigília Pascal, segue-se orientações para a celebração em uma das missas do domingo de Páscoa.

Preparando o ambiente: Aconselhamos as comunidades que não têm pia ou fonte batismal, que coloquem em lugar conveniente, uma grande caixa de água devidamente ornamentada com tecidos e flores, para a realização do Batismo por imersão. Túnica branca para ser entregue nos ritos complementares ("Veste batismal"), óleo do Santo Crisma e vela. Reservar bancos para os eleitos e padrinhos.

Orientações: O eleito vestindo a túnica que usou durante o rito de "acolhida e eleição" e durante os "escrutínios", participa da procissão inicial com seus padrinhos onde à frente poderá entrar o círio pascal.

- Durante a saudação inicial, o presidente acolhe os eleitos e seus familiares, destacando este importante momento para a vida do eleito e da comunidade celebrante.

- A Missa prossegue normalmente até o final da homilia, onde dá-se início à liturgia batismal.

  - Procissão até o batistério, se este pode ser visto pelos fiéis. Caso contrário, coloca-se o recipiente com água no próprio presbitério.

  - Apresentação dos eleitos pelos pais e padrinhos à Igreja reunida.

  - Exortação do sacerdote.

Presidente: *Caros fiéis, apoiemos nossas preces a alegre esperança dos nossos irmão e irmãs (N., N.), que pedem o santo Batismo, para que Deus todo-poderoso acompanhe com sua misericórdia os que se aproximam da fonte do novo nascimento.*

Segue o canto da ladainha, à qual se podem acrescentar alguns nomes de Santos, sobretudo dos padroeiros da Igreja, do lugar e dos que vão receber o Batismo. Após o canto, quem preside diz:

Presidente:

*Ó Deus de bondade,
manifestai o vosso poder
nos sacramentos que revelam vosso amor.
Enviai o Espírito de adoção
para criar um novo povo,
nascido para vós nas águas do Batismo.
E assim possamos ser em nossa fraqueza
instrumentos do vosso poder.
Por Cristo, nosso Senhor.*

Todos: Amém

Oração sobre a água

Presidente: *Meus irmãos e minhas irmãs, sabemos que Deus quis servir-se da água para dar sua vida aos que creem. Unamos nossos corações, suplicando ao Senhor que derrame sua graça sobre os seus escolhidos.*

Quem preside, voltando para a fonte, diz a seguinte oração de bênção sobre a água:

*Ó Deus, pelos sinais visíveis dos sacramentos realizais maravilhas invisíveis.
Ao longo da História da Salvação,
vós vos servistes da água*

para fazer-nos conhecer a graça do Batismo.
Já na origem do mundo
vosso Espírito pairava sobre as águas
para que elas concebessem a força de santificar.

Todos: *Fontes do Senhor, bendizei o Senhor!*

Nas próprias águas do dilúvio,
prefigurastes o nascimento da nova humanidade,
de modo que a mesma água
Sepultasse os vícios e fizesse nascer a santidade. Concedestes aos filhos de Abraão
atravessar o mar vermelho a pé enxuto
para que, livres da escravidão,
prefigurassem o povo nascido na água do
Batismo.

Todos: *Fontes do Senhor, bendizei o Senhor!*

Vosso Filho, ao ser batizado nas águas do
Jordão, foi ungido pelo Espírito Santo.
Pendente da cruz, do seu coração aberto
pela lança, fez correr sangue e água.
Após sua ressurreição, ordenou aos apóstolos:
"Ide, fazei meus discípulos todos os povos
e batizai-os em nome do Pai e do Filho e do
Espírito Santo".

Todos: *Fontes do Senhor, bendizei o Senhor!*

Olhai agora, ó Pai, a vossa Igreja,
e fazei brotar para ela a água do Batismo.
Que o Espírito Santo dê por esta água a graça
de Cristo,
a fim de que homem e mulher, criados à
vossa imagem,
sejam lavados da antiga culpa pelo Batismo
e renasçam pela água e pelo Espírito Santo
para uma vida nova.

Quem preside, mergulha o círio pascal na
água uma ou três vezes (ou simplesmente toca
na água com a mão), dizendo:

Nós vos pedimos, ó Pai,
que por vosso Filho desça sobre esta água
a força do Espírito Santo.

E mantendo o círio na água continua:

E todos os que, pelo Batismo,
Forem sepultados na morte com
Cristo, ressuscitem com ele para a vida.
Por Cristo, nosso Senhor.

Todos: Amém.

Quem preside retira o círio pascal da água, enquanto o povo aclama:

Fontes do Senhor, bendizei o Senhor!
Louvai-o e exaltai-o para sempre!

RENÚNCIA

A renúncia e a profissão de fé são partes de
um único rito. Depois da consagração da água,
quem preside interroga ao mesmo tempo todos os eleitos (os eleitos sem velas).

Presidente: *Para viver na liberdade dos filhos
de Deus, renuncias ao pecado?*

Eleitos: *Renuncio.*

Presidente: *Para viver como irmãos, renuncias a
tudo o que causa desunião?*

Eleitos: *Renuncio.*

Presidente: *Para seguir Jesus Cristo, renuncias
ao demônio, autor e princípio do pecado?*

Eleitos: *Renuncio.*

PROFISSÃO DE FÉ

Presidente: *...N..., crês em Deus Pai todo-poderoso, criador do céu e da terra?*

Eleitos: *Creio.*

Presidente: *Crês em Jesus Cristo, seu único Filho, nosso Senhor, que nasceu da virgem Maria, padeceu e foi sepultado, ressuscitou dos mortos e subiu ao céu?*

Eleitos: *Creio.*

Presidente: *Crês no Espírito Santo, na Santa Igreja Católica, na comunhão dos Santos, na remissão dos pecados, na ressurreição dos mortos e na vida eterna?*

Eleitos: Creio.

BANHO BATISMAL

Convém que a água seja abundante, de modo que o Batismo apareça como uma verdadeira passagem pela água ou banho. Se o Batismo for por imersão, o eleito é mergulhado de túnica, estando de roupa por baixo, observando as normas do pudor e da conveniência.

Presidente:

> *N... EU TE BATIZO EM NOME DO PAI,*
> *E DO FILHO,*
> *E DO ESPÍRITO SANTO.*

Após o Batismo, o neobatizado é conduzido a um lugar apropriado, troca de roupa rapidamente e retorna à assembleia para os ritos complementares. Enquanto isto, a comunidade entoa cantos apropriados.

RITOS COMPLEMENTARES

Entrega da Veste Branca: (RICA 225)

Presidente:

> *N., você nasceu de novo*
> *e se revestiu de Cristo.*
> *Receba, portanto, a veste batismal,*
> *que você deve levar sem mancha*
> *até a vida eterna,*
> *conservando a dignidade de filho de Deus.*

Batizados: *Amém.*

Unção depois do Batismo: (RICA 224)

Quem preside unge a cabeça dos batizados com a crisma dizendo uma só vez para todos:

Presidente:

> *Deus todo poderoso, Pai de nosso Senhor Jesus Cristo,*
> *que fez vocês renascerem pela água e pelo Espírito Santo*
> *e os libertou de todos os pecados,*
> *unge suas cabeças com o óleo da salvação*
> *para que vocês façam parte de seu povo,*
> *como membros do Cristo,*
> *sacerdote, profeta e rei,*
> *até a vida eterna.*

Batizados: *Amém.*

Entrega da Luz: (RICA 226)

Presidente: *Aproxima-se a madrinha, para entregar a luz ao que renasceu pelo Batismo.*

(Os padrinhos acendem a vela no círio pascal e entregam ao afilhado.)

Presidente:

> *Deus te tornou luz em Cristo.*
> *Caminha sempre como filho da luz,*
> *para que, perseverando na fé,*
> *possas ir ao encontro do Senhor*
> *com todos os Santos*
> *no reino celeste.*

Batizados: Amém.

Após os ritos complementares, toda a assembleia de pé, omitindo o símbolo, faz a oração dos fiéis. A Missa prossegue normalmente até o final.

Espaço complementar

Conecte-se conosco:

 facebook.com/editoravozes

 @editoravozes

 @editora_vozes

 youtube.com/editoravozes

 +55 24 2233-9033

www.vozes.com.br

Conheça nossas lojas:
www.livrariavozes.com.br

Belo Horizonte – Brasília – Campinas – Cuiabá – Curitiba
Fortaleza – Juiz de Fora – Petrópolis – Recife – São Paulo

  Vozes de Bolso

EDITORA VOZES LTDA.
Rua Frei Luís, 100 – Centro – Cep 25689-900 – Petrópolis, RJ
Tel.: (24) 2233-9000 – E-mail: vendas@vozes.com.br